Project Management for
Procurement Excellence

好采购要懂项目管理

宫迅伟 著

机械工业出版社
CHINA MACHINE PRESS

本书有别于其他项目管理、采购管理及常见的项目采购类图书，独辟蹊径地将采购任务视为独立项目，并运用项目管理的方法助力采购人员高效完成采购任务。本书本着"领导把任务交给你，你便是项目经理"的理念，精选新产品开发、设备采购、管理改善三大典型采购任务，借助项目管理的五大过程组与十大知识领域管理工具，为采购人员提供一套解决任务难题的系统性框架和思路。既能用项目管理梳理采购经验，也能用采购经验充实项目管理，帮助读者搭建专业采购的工作框架，轻松驾驭各类采购项目。无论职场新人还是资深经理，认真读过本书后都会成为项目管理与采购的双料专家。

图书在版编目（CIP）数据

好采购要懂项目管理 / 宫迅伟著. -- 北京：机械工业出版社，2025．6．--（采购之道）. -- ISBN 978-7-111-78501-9

Ⅰ. F253

中国国家版本馆 CIP 数据核字第 2025NB3422 号

机械工业出版社（北京市百万庄大街 22 号　邮政编码 100037）
策划编辑：张竞余　　　　　　　　　　责任编辑：张竞余　高珊珊
责任校对：孙明慧　张雨霏　景　飞　　责任印制：刘　媛
三河市骏杰印刷有限公司印刷
2025 年 7 月第 1 版第 1 次印刷
170mm×240mm・17 印张・1 插页・218 千字
标准书号：ISBN 978-7-111-78501-9
定价：79.00 元

电话服务　　　　　　　　　　网络服务
客服电话：010-88361066　机　工　官　网：www.cmpbook.com
　　　　　010-88379833　机　工　官　博：weibo.com/cmp1952
　　　　　010-68326294　金　书　网：www.golden-book.com
封底无防伪标均为盗版　机工教育服务网：www.cmpedu.com

任务即项目，人人都是项目经理

这不是一本关于项目管理的书，也不是一本关于采购管理的书，更有别于市面上常见的项目采购管理类读物。本书独辟蹊径，将采购的每项任务当作一个项目，聚焦于采购人员如何运用项目管理知识，高效完成采购任务。本书的核心理念是：领导把任务交给你，你就是项目经理。好采购要懂项目管理，它可以让采购更专业，项目更成功。

回想 2001 年，中国即将加入 WTO，我第一次接受项目管理知识培训，那时我在一家欧洲公司工作。我们每天都在讨论日程表（Schedule）、行动计划（Action Plan）、干系人（Stakeholder）、风险管理（Risk Management）、约束条件（Constraint Condition）等概念，这些新概念为我打开了一扇窗，解决了很多我在管理过程中的困惑，让我的工作思路清晰了很多。

回想过去，不少同事和我一样，由于缺乏项目管理思维，工作中常常顾此失彼，既无法构建清晰的全景图，也难以规划合理的实现路径，更不懂得如何调动其他部门的资源，致使项目问题丛生。项目范围界定模糊，任务不断延展，仿佛没有尽头；与干系人沟通不到位，信息传递不畅，导致频繁返工调整；交付标准不明，验收时各方常常存在分歧。这一系列混乱状况，使得团队常遭上级批评。显然，普及项目管理知识，非常必要，且势在必行。

一项任务就是一个项目，领导把一项任务交给你，你就是这项任务的项目经理。尽管任务有大有小，但都具备项目的特征，你需要在限定时间、限定资源这些约束条件下，"千方百计"地完成它，这个"千方百计"就是项目管理。一项采购任务也是一个项目，好采购一定要懂项目管理。因此，本书在表述上，有时会用"作为采购"，有时会用"作为项目经理"，但所指的都是"作为负责采购的项目经理"，也就是说，这里的主体是负责完成采购任务的采购人员，同时也是主导完成采购项目的项目经理。领导把一项任务交给你，此刻，作为采购人，你就拥有了采购人员和项目经理的"双头衔"，需要从这两个角色出发，综合考虑和处理各项事务，以确保采购任务的顺利推进和圆满完成。

项目管理不仅是一种方法或技巧，更是一种思维方式。实践中，很多懂项目管理的人不懂采购，懂采购的人不懂项目管理。由于采购人员缺乏项目管理知识，导致交付延期、成本超支、质量不达标，迟迟不能验收，需求部门很不满意，进而导致采购部门常常遭到管理层的质疑与诟病，这样的例子屡见不鲜，不仅给采购工作带来了困扰，也给企业带来了损失。

智能化时代，创新要求越来越高，客户定制越来越多，产品开发周期越来越短，小批量、多品种是常态，这就要求采购必须做到"多快好省"。采购所涉及的项目不仅数量增多了，其复杂程度也远超以往。从协调多样的供应商资源以保障物资供应的"多"，到合理规划流程、优化供应链来实现采购速度的"快"；从精准把控定制化产品的质量，确保品质的"好"，到严格控制成本，合理调配资源做到费用的"省"，采购流程的每个环节都充满挑战。

因此，作为采购人员，更应掌握项目管理知识，在资源整合上实现"多"的目标，在时间把控上做到"快"的要求，在成本控制上达到"省"的效果，在风险管理上保障"好"的品质，全方位助力项目成功。

市面上写项目管理的书很多，写采购管理的书也很多，本书的特别之处是，写如何用项目管理的方法做采购。结构上，本书参考了《项目管理知识体系指南》中的五大过程组、十大知识领域等项目管理的底层逻辑。内容上，本书精心挑选新产品开发、设备采购、管理改善三大典型采购任务，深度运用项目管理的五大过程组、十大知识领域管理工具，构建起一套解决任务难题的系统性框架与思路。本书案例源自本人20多年深耕采购与供应链管理的实战沉淀，以及10多年投身管理咨询工作积累的真实问题。通过对这些案例的深度剖析，助力读者以项目管理思维复盘过往实战经历，将实战经验融入未来的项目管理流程，让读者不仅能搭建起专业采购的工作架构，更能轻松驾驭各类复杂项目。

无论你是初涉职场的新人，还是经验丰富的资深采购经理，拥有本书，便能实现从理论到实践的全面跨越，成为采购与项目管理的双料专家。

"项目保证进度，流程保证质量"，我非常喜欢这句话。企业管理的所有事情都可以分成标准的和非标准的，标准的问题由流程解决，非标准的问题通过项目管理解决。如果将项目管理的过程标准化，通过标准流程解决非标准的问题，这个标准流程就是项目管理启动、规划、执行、监控、收尾五大过程的方法论。可见，采购人员要懂项目管理，这既能保证采购进度，又能保证采购质量。

本书通过新产品开发、设备采购、管理改善三个典型场景，用一个个实战案例诠释"项目保证进度，流程保证质量"这个逻辑，确保产品上市速度、设备采购质量、管理改善成功。借助案例分析，揭示采购项目管理的最佳实践和常见陷阱，协助大家构建起完整、清晰、实用的用项目管理方法管理采购任务的知识体系。让大家听得懂、记得住、用得上，成为卓越的采购管理者。

本书适合所有与采购管理有关的人员，无论是总经理、采购总监，还是项目经理、采购工程师，也特别适合管理咨询师、讲师和学习采购管理的学生使用。

最后，感谢所有为本书提供支持和帮助的朋友、同事与家人。特别感谢那些在实践中不断探索、总结经验的采购从业者。感谢机械工业出版社的编辑，正是你们的智慧与努力，为本书提供了丰富的素材与灵感。希望本书能为大家的职业发展带来启发与帮助。

目　录

第 1 章

构建项目管理知识框架

　　或许，你已是经验丰富、业务精湛的采购人，凭借着过硬的专业能力，在过往采购工作中披荆斩棘。

　　但工作的挑战总是防不胜防。面对重要的采购项目，即便你全情投入，各种意外仍频繁干扰，如进度失控、预算超支、质量不稳，最终换来的是领导的不满、需求部门的抱怨。日常工作里，堆积如山的采购订单、繁杂的合同事务以及棘手的跨部门协同，让你疲于奔命，然而工作却依旧杂乱无章、效率低下，个人价值难以凸显。想要在职场更进一步，却始终找不到破局的关键。

　　其实，这些难题很可能源于项目管理知识的匮乏。没有系统的项目管理知识做指引，就如同在茫茫大海中失去罗盘指南，纵有丰富的经验，也难免在复杂的工作中迷失方向，陷入混乱。

　　接下来，让我们一同搭建项目管理的知识框架，梳理工作思路，填补知识空白，告别混乱与困扰，为职业发展注入全新活力。

1.1　什么是项目

项目是为创造独特的产品、服务或成果而进行的临时性工作。它具有明确的目标，有清晰的开始和结束时间，并非日常的重复性事务。比如建造一座桥梁，从规划设计到施工完成，有特定的工期、预算和质量要求，完成后交付一座独特的桥梁，这就是一个典型的项目。项目的临时性意味着它不会一直持续，一旦目标达成，项目即结束。独特性体现在每个项目产出的成果都有区别，即使是相似类型的项目，也会因地点、时间、参与人员等方面的不同而存在差异。

项目是有约束条件的，通常会受到时间、成本、资源和质量等因素的限制。这些约束条件相互关联、相互影响，共同界定了项目的边界和实施难度，要求项目团队在约束条件下合理规划与执行，以实现项目目标。

项目有大有小，可以根据需要在组织的任何层面上开展。一个项目可以只涉及一个人，也可以涉及一组人；可能只涉及一个组织单元，也可能涉及多个组织的多个单元。

1.1.1　每项任务，都是一个项目

在日常工作里，我们或许没意识到，其实每项任务都可视作一个项目。从专业角度讲，项目是为创造独特的产品、服务或成果而进行的临时性工作，具备明确的目标、起止时间、资源限制和独特性，而每一项任务同样如此。

以采购工作为例，采购工作的多种场景都完美契合项目特征。假设企业研发新型智能穿戴设备，在参与新产品开发的采购时，采购团队要

调研市场，寻找适配的新型传感器、高性能芯片等零部件供应商。时间上，需配合整体研发进度，在产品预计上市前的特定时段完成采购；成本上，被限定在研发总预算分配给采购的额度内；质量上，零部件得符合新产品的技术规格和性能要求。直到所有零部件采购到位并通过检验，满足新产品开发进入下一阶段的条件，此次采购任务才算结束，它有着清晰的起止节点。

再看采购一批设备的场景。企业为满足新增产能需求采购生产设备，从部门提出采购申请起，采购工作开启。时间约束为两个月内完成采购，成本限定在一定预算金额内，质量要求是设备必须符合生产工艺和安全标准。直到设备到货完成安装调试、验收合格并完成付款，采购流程才算结束。

管理改善工作也是一个项目，无论是自主改善，还是外聘咨询公司，都具备项目的特性。自主改善时，采购团队评估管理现状，梳理采购流程等问题后启动工作。设定时间期限，控制成本预算，确定（如提升采购效率等）质量目标，关键指标达标则任务完成。外聘咨询公司时，采购部门发布咨询需求，要求咨询公司在规定时间内、预算范围内，完成管理改善任务。待咨询任务结束，方案评审通过并实施，达成项目目标，则管理改善项目结束。

然而，日常工作中，有些领导布置任务常忽略项目管理的关键要素：布置工作只是简单交代，不指定项目经理，导致责任主体不明；不明确时间约束，导致无限拖期；对于交付成果，没有清晰界定，导致不同人对交付成果评价不一。如此一来，由于缺乏明确的责任划分，出现多人负责却无人担责的局面。一旦部门间产生冲突，无人出面协调解决，工作难以推进，项目无法达成预期目标。

由此可见，每项任务本质上都可视为一个项目，一项采购任务就是一个项目。它具备项目的典型特征，包括明确的目标、清晰的起止时间、资源的约束条件以及独特性，完全契合项目的定义。

因此，无论是上级领导布置工作，还是下属员工执行任务，都应当树立项目管理思维：在任务开展前明确项目经理，由其构建项目工作的全景图，规划出具体的实施路径，对完成任务的全流程和最终结果负责。如此，才能确保项目工作有序推进，最终达成预期目标。

1.1.2　好采购，一定要懂项目管理

对于一名优秀的采购人员而言，仅靠传统采购技能已难以满足当今复杂多变的采购工作需求，懂项目管理逐渐成了必备的核心能力。那么，为什么好采购一定要懂项目管理呢？

懂项目管理的采购人员，在接到采购任务时，会运用项目管理的思维模式，全面且深入地思考任务的各个关键要点。在进度管理上，他们能够清晰地界定任务，依据任务的难易程度和先后顺序，合理规划时间节点，确保各项工作有条不紊地推进。与之形成鲜明对比的是，未接受过项目管理培训的采购人员，由于缺乏清晰的规划思路，工作常常陷入无序和混乱的状态，难以按时完成任务。

在成本管理上，懂项目管理的采购人员会精准地制定项目预算。他们综合考量各类成本因素，在权衡利弊之后，从众多方案中筛选出最优方案。而那些不具备项目管理思维的采购人员，往往只关注价格，容易陷入价格陷阱，不仅无法控制成本，还可能给企业带来风险。

面对风险，懂项目管理的采购人员犹如敏锐的洞察者，凭借丰富的经验和敏锐的直觉，提前识别潜在风险，并从容地制定应对策略。然而，风险意识薄弱的采购人员，在突如其来的风险面前，往往不知所措，工作陷入被动状态。

在沟通协调方面，懂项目管理的采购人员能够深入了解企业干系人（利益相关方）的需求，精准把握产品的使用场景，协调各方资源，满足

干系人的期望和要求。而缺乏项目管理知识的采购人员，往往忽视与干系人沟通，引起干系人的不满。

因此，作为上级领导，在布置工作时，应指定项目经理，明确责任归属；下属在接受任务的那一刻，便应自觉肩负起项目经理的责任，在资源、时间等约束条件下，力求完美地完成任务。采购工作是企业内外资源连接的关键，对采购人来说，项目管理知识是从优秀迈向卓越的重要助力。

通过小顾的案例，我们能更直观地感受到项目管理在采购工作中的重要性。

📖【案例】

小顾的错，在于不懂项目管理

小顾是一家中型制造企业的原材料采购专员。公司新接到一个大型订单，客户要求极高，产品精度需控制在极小的误差范围内，且要在三个月内交付。为保证生产顺利进行，小顾需要采购一批特殊原材料，该原材料的质量直接关系到产品性能，不容有失。

面对这项紧急任务，小顾凭借以往经验大概估算了原材料数量后，就匆忙联系长期合作的供应商。在简单评估报价后，她未仔细审查合同条款，也未对供应商的生产能力做进一步评估，便草率下了订单。她既未仔细规划采购流程，也未考虑供应商生产可能遇到的问题。

订单发出的第一个月，小顾只是偶尔与供应商电话沟通进度，每次得到"一切正常"的回复便放心了，没有深入询问生产细节和潜在风险。可到了第二个月，供应商突然告知因设备老化未及时维护，突发严重故障，原材料生产进度严重滞后，可能无法按时交付。

小顾慌了神，四处寻找替代供应商。但这种特殊原材料工艺复杂，供应渠道有限，且其他供应商的生产档期已满，难以在短时间内找到合适的供应商。最终,原材料晚到一个月,导致生产项目超期。公司不仅面临因交付延迟产生的巨额罚款,还失去了客户的信任,未来合作机会渺茫。

【案例点评】

这个案例中,小顾在进度、成本、风险、沟通管理上均存在严重不足,给公司带来巨大损失。

在进度管理上,小顾凭经验草率行事,未细化采购流程,在时间估算上盲目乐观,无详细计划与监控,导致交付延误、生产超期。在成本管理上,只重原材料数量,忽视了潜在成本,如延误罚款、信誉受损等,让公司经济受损。在风险管理上,对设备故障等风险毫无预判,未备应急预案,风险来临时束手无策。在沟通上,前期与供应商交流浅,不了解生产细节与风险,后期问题凸显才开始行动,且内部沟通或不足,未预警延误风险。

此案例充分表明,项目管理知识对于采购工作至关重要。采购人员只有掌握这些知识,才能在工作中考虑周全,有效防范风险,保障采购顺利推进,助力企业项目成功,避免重蹈小顾的覆辙。

1.1.3　AI 时代,更需要学习项目管理

未来是 AI(人工智能)的时代,许多工作将交由 AI 完成,那么,我们还需要项目管理能力吗?答案无疑是肯定的,不仅需要,而且更为迫切。在 AI 时代,项目管理能力已不再是可有可无的附加技能,而是职场与企业运营的核心竞争力。这一转变是由工作性质的变革、用工模式的转变以及协作方式的革新共同推动的,是时代发展的必然趋势。

工作性质的变革使得我们从重复劳动迈向复杂创新。随着 AI 与 RPA(机器人流程自动化)技术的日益成熟,工作的边界被重新划定。曾经占

据白领大量时间的简单重复的工作,如今已被智能机器高效替代。人类的工作重心因此转移到更复杂、更具创新性的领域。以智能医疗设备的研发为例,该项目融合了医学、电子工程、软件开发等多领域的专业知识,还需要持续整合最新的 AI 算法与传感器技术,以实现产品的创新突破。在此过程中,项目管理能力成为项目成功的关键因素。具备这一能力有助于整合各方资源,协调不同专业背景的团队成员,提前识别技术风险与法规政策变化,确保项目稳步推进。对于个人而言,具备项目管理能力意味着成为横跨业务与管理的"双料人才",有助于拓宽职业通道,实现多元化发展。

用工模式的转变带来了任务分解与外包管理的挑战。随着企业人工成本的攀升,自由职业者凭借其专业技能和灵活的工作模式展现出高效率,促使越来越多的企业选择工作外包。这使得企业内部全职员工的职责发生了改变:他们需要将领导交付的任务拆解为可交付的子项目,将简单重复的工作交给内部 RPA 处理,而将复杂的工作外包给自由职业者。这一转变对全职员工的项目管理能力提出了更高的要求。他们需要科学地分解任务,明确各子项目的目标与交付时间,并在执行过程中持续跟踪,确保外包工作按时、按质完成。数字化技术,尤其是区块链技术的应用,逐渐化解了企业外包工作中的顶尖人才难寻、管理过程难监控、工作量难评估、成果难确权等问题,提高了企业外包管理的效率。

远程协作的兴起带来了全球协同的新挑战。数字化浪潮打破了地域限制,远程协同工作成为常态。许多项目甚至涉及全球范围的团队合作。跨国电商、供应链出海等业务在整合全球采购、物流、客服团队时,面临着不同地区团队间的时差、文化差异和沟通习惯等问题。项目管理中的沟通计划、进度监控和资源分配等方法为解决这些问题提供了有效途径。通过合理规划沟通渠道与频率、实时监控项目进度、科学分配资源,项目管理能够协调各方,确保全球协作项目顺利推进。

正如《供应链 2035：智能时代供应链管理》一书中所述，在智能时代，简单重复的例行工作将被交付给 AI 处理，项目化工作将成为主流。白领将不再局限于"知识工人"的角色，而是投身于更具创新性、更有价值的工作。在 AI 时代，项目管理能力是企业应对变革的关键所在，也是个人实现职业晋升与跨领域发展的必备技能。在驾驭复杂项目与适应多变的职场环境时，项目管理能力发挥着无可替代的作用。

1.2　五大过程组与十大知识领域

在项目管理繁杂且庞大的知识体系中，有两项关键内容是我们必须牢牢掌握的，那就是五大过程组与十大知识领域。

五大过程组犹如项目管理的"骨架"，支撑起整个项目管理的运作框架，而十大知识领域则像项目管理的"血肉"，丰富并充实着项目管理的具体内容。无论项目规模是大是小，项目复杂程度是高是低，从项目的初步构思到最终成果的实现，五大过程组都在其中有序发挥着作用。它是项目从启动到收尾的关键指引，不仅串联起项目管理知识体系的各个部分，更为项目的顺利推进提供了底层逻辑支撑。

接下来，我们将先深入探索五大过程组的奥秘，随后再一同了解十大知识领域的具体内容，逐步搭建起完整的项目管理知识框架。

1.2.1　五大过程组

项目管理的五大过程组由美国项目管理协会（PMI）定义，在项目推进中各自发挥着关键作用，具体如下。

1. 启动过程组（Initiating Process Group）

启动过程组意味着项目的开始，负责定义新项目或新阶段，选定合适的项目经理并授权，与干系人一同初步确定项目范围，识别核心需求，开展商业论证以评估项目的可行性与价值，制定项目章程，明确项目目标，为项目开展奠定基础。

2. 规划过程组（Planning Process Group）

此过程旨在明确项目目标，并制订实现目标的行动方案与计划。工作内容包括制订范围、进度、成本、质量、人力资源、沟通等管理计划，同时识别项目风险并规划应对措施。这一系列工作能够确定项目工作边界、时间安排、资金分配以及质量标准等，有效降低潜在风险对项目的影响。

3. 执行过程组（Executing Process Group）

在这个阶段，主要任务是执行项目管理计划中的各项工作，实现项目目标。在此过程中，需要对项目工作进行有效指导与管理，组建并管理项目团队，提升团队协作效率，获取项目所需的人力、物力等资源，开展质量保证工作，并实施采购活动，与供应商保持良好合作，确保项目计划顺利执行，保障项目成果质量。

4. 监控过程组（Monitoring and Controlling Process Group）

该过程对项目进展和绩效进行持续跟踪、审查与调整，密切监控项目的范围、进度、成本、质量等指标，将实际情况与计划对比，及时发现偏差并深入分析原因，采取相应的纠正措施。同时，严格管理项目变更，确保项目按照计划推进。

5. 收尾过程组（Closing Process Group）

收尾过程标志着项目或阶段的正式结束，需进行全面收尾工作，对项目可交付成果进行验收，确保其符合既定标准；完成行政收尾，包括处理合同事务、释放项目资源、总结项目经验教训以及归档项目文档，为后续项目提供参考，也方便日后查阅和审计。

1.2.2　十大知识领域

项目管理的十大知识领域是 PMI 在其出版的《项目管理知识体系指南》中定义的，具体如下。

1.项目整合管理（Project Integration Management）

确保项目中不同元素协调运作，对各个方面进行整合，包括制定项目章程、制订项目管理计划，指导、管理与监控项目工作，实施整体变更控制以及结束项目或阶段等。项目整合管理在项目管理中起到统领全局、协调各方的关键作用。

2.项目范围管理（Project Scope Management）

明确项目的边界和需求，涉及规划范围管理、收集需求、定义范围、创建工作分解结构（Work Breakdown Structure，WBS）、确认范围和控制范围等过程，旨在确保项目做且只做完成项目所需的全部工作，避免范围蔓延或遗漏。

3.项目进度管理（Project Schedule Management）

对项目的时间安排进行规划和控制，包括规划进度管理、定义活动、排列活动顺序、估算活动持续时间、制订进度计划和控制进度等。通过合理安排项目活动的时间顺序和持续时间，确保项目按时完成。

4.项目成本管理（Project Cost Management）

负责对项目成本进行估算、预算和控制，具体包括规划成本管理、估算成本、制定预算和控制成本等过程。通过有效的成本管理，确保项目在批准的预算内完成，对成本进行实时监控和调整，避免超支。

5. 项目质量管理（Project Quality Management）

致力于确保项目满足预定的质量要求，涵盖规划质量管理、管理质量和控制质量等过程。通过制定质量标准、实施质量保证措施和进行质量控制活动，保证项目成果的质量符合相关标准和期望，提高项目的整体价值。

6. 项目资源管理（Project Resource Management）

对项目所需的人力、物力等资源进行管理，包括规划资源管理、估算活动资源、获取资源、建设团队、管理团队和控制资源等。确保合适的资源在合适的时间以合适的方式投入项目，并有效管理团队成员之间的关系。

7. 项目沟通管理（Project Communication Management）

保障项目信息的有效传递和沟通，包括规划沟通管理、管理沟通和监督沟通等。通过确定沟通需求、选择合适的沟通方式和渠道，确保项目相关信息及时、准确地传达给相关人员。

8. 项目风险管理（Project Risk Management）

识别、分析和应对项目中可能出现的风险，包括规划风险管理、识别风险、实施定性风险分析、实施定量风险分析、规划风险应对、实施风险应对和监督风险等。通过提前识别潜在风险并制定应对策略，降低风险对项目的负面影响，提高项目成功的可能性。

9. 项目采购管理（Project Procurement Management）

负责项目的采购活动，包括规划采购管理、实施采购、控制采购和结束采购等过程。确保从项目外部获得所需的产品、服务或成果，通过合理的采购策略和合同管理，保证采购活动的顺利进行。

10. 项目干系人管理（Project Stakeholder Management）

识别、分析和管理项目干系人的需求和期望，包括识别干系人、规划干系人参与、管理干系人参与和监督干系人参与等。通过有效的干系人管理，提高干系人对项目的支持度，降低其对项目的潜在负面影响，促进项目的成功。

需要特别说明一下，《项目管理知识体系指南（第 5 版）》中使用的是"项目干系人"。到了第 6 版，为了更准确地表达其范围和内涵，改为"项目相关方"。不过，最新的第 7 版中又改回了"项目干系人"。无论是"项目干系人"还是"项目相关方"，对应的英文都是"Stakeholder"，只是随着项目管理理念的发展和实践的丰富，中文翻译和表述进行了调整，以便准确地涵盖对项目有影响或受项目影响的所有群体。大家在阅读不同图书时，要注意这个表述差异，它们本质上都是一个意思，本书采用"项目干系人"这一表述。

项目管理中，五大过程组与十大知识领域并非彼此独立，而是相互融合、紧密关联。五大过程组贯穿项目始终，启动过程组需运用项目整合管理、范围管理、干系人管理等知识制定项目章程、确定初步范围和识别干系人；规划过程组涉及项目范围管理、时间管理、成本管理、质量管理、资源管理、沟通管理、风险管理、采购管理等各领域的计划制订，并通过整合管理进行协调；执行过程组依靠项目资源管理、沟通管理来建设团队和确保信息传递，同时运用质量管理保证成果质量，通过采购管理执行采购工作，由整合管理推进各项工作；监控过程组与各知识领域相互作用，对范围、时间、成本、质量、风险等各方面绩效进行监控，通过整合管理综合把控并及时纠正问题；收尾过程组借助项目整合管理、干系人管理完成项目验收、总结经验教训等工作，还涉及采购管理中的合同收尾。可以说，五大过程组构成了项目管理的"骨架"，而十大知识领域则形成了项目管理的"血肉"，各过程组与知识领域的工作彼此交织、协同共进，共同推动项目的顺利进行。

然而，要想顺利推进项目，仅仅依靠五大过程组和十大知识领域是不够的。若要让项目真正落地执行，还离不开一系列实用的"利器"——项目管理工具。在实践过程中，人们已经总结出了 47 个工具，并且随着项目管理理论和实践的持续发展，新的工具还在不断涌现。考虑到内容的针对性和实用性，本书仅在后续的表述中对部分常用的管理工具进行讲解，若大家想了解更多工具，建议参看其他相关的管理类图书。

1.2.3　五大过程组与采购流程

作为采购人员，我们每天依据公司既定的采购流程工作。现在，要学习项目管理知识，心中难免疑惑：学习项目管理对我们到底有何帮助？它会不会让我们的工作变得更复杂，甚至与现有采购流程冲突？掌握这些知识后，我们又该如何运用，为采购工作增添价值？

其实，项目管理与采购工作并非水火不容，而是相辅相成、紧密相连的。项目管理的五大过程组，就像一套科学的方法论，为采购工作提供有力的支撑。

启动过程组在项目管理中意味着明确项目的可行性与必要性。在采购工作中，这对应着采购需求的精准确定。随着企业业务的发展，新的采购需求不断涌现，比如因业务扩张需购置新设备。这时，采购人员需深入剖析企业战略、生产实况，与各部门充分沟通，准确识别利益相关者需求，全面评估采购价值，为后续工作指明方向，避免盲目采购。

规划过程组在项目管理中负责制订和完善项目计划。在采购领域，这体现为制订详尽的采购计划。采购人员需明确采购物品的规格、数量、质量标准，选择合适的采购方式，如公开招标、邀请招标或询价采购。同时，制定供应商选择标准、评估方法，制定采购时间表，考虑预算分配和风险应对。比如，针对原材料价格波动，可提前制定套期保值策略或与供应商协商价格调整机制，确保采购工作在预算范围内有序进行。

执行过程组在项目管理中负责按照计划高效实施项目。在采购工作中，这意味着采购活动的全面展开。采购人员需及时发出准确的采购订单，与供应商保持密切沟通，监督供应商的生产进度和产品质量。一旦出现问题，如供应商生产延误或产品质量不达标，需迅速采取措施，协商调整生产计划或更换供应商，确保采购产品按时、按质、按量交付。

监控过程组在项目管理中负责跟踪、审查和调整项目进展和绩效。在采购工作中，这体现为对采购进度、成本、质量的实时监控。通过对比实际采购情况与计划，及时发现并分析偏差原因，采取纠正措施。如采购成本超支，需分析是因为市场价格波动，还是因为供应商变更等，并采取成本控制措施；产品质量不符，需立即要求供应商整改或重新提供产品。同时，应定期评估供应商的表现，建立供应商绩效评价体系。

收尾过程组在项目管理中标志着项目的结束。在采购工作中，这涵盖采购项目的验收、合同结算、归档及对供应商的最终评价。采购人员需按合同约定标准验收产品，确保产品符合质量标准和企业需求。验收完成后，及时进行合同结算，支付供应商款项，整理归档采购文件、合同等资料。同时，对供应商进行全面、客观的评价，总结合作的经验教训，为未来采购决策提供参考。

可见，项目管理的五大过程组为采购工作提供了科学、严谨的工作框架。采购人员只需将其与原有采购流程结合，就能有效降低不确定性和风险，提高采购流程执行的效率和质量。学习项目管理知识，不仅不会增加采购人员的认知负担，反而能够帮助采购人员拓宽视野、提升专业能力。

1.2.4 五大过程组与 IPD 流程

就像采购流程一样，每家公司都有自己的新产品开发流程，这些流程系统全面、科学有效。作为采购人员，只要按这些流程工作即可，为何还要学项目管理流程呢？这个问题的答案，同项目管理与采购流程的关系一样。

项目管理的五大过程组是通用工具方法，并非刻板规则，与新产品开发流程形式有别，但本质相通，核心都是合理配置资源、把控进度、应对风险以推动项目成功。

下面以集成产品开发（IPD）流程为例，深入探讨采购人员如何深度参与其中，借助项目管理知识从"执行者"转变为"战略协同者"。在IPD流程各阶段，核心任务不同，采购部门借助项目管理知识，发挥着关键专业价值，具体如下。

在 IPD 流程的概念阶段（Concept Phase），核心任务是验证产品的可行性。采购部门在此阶段需要开展供应市场的预研，深入分析关键物料的技术路线，并识别出潜在的战略供应商。同时，采购还需进行成本可行性建模，构建总拥有成本（Total Cost of Ownership，TCO）预测模型，并对比不同替代方案的成本。在这一过程中，采购部门借助项目管理的启动过程组知识，明确采购需求边界，精准定位所需资源，为后续工作奠定坚实基础。

进入计划阶段（Plan Phase），核心任务转变为制定采购策略。采购部门需要让供应商早期介入（Early Supplier Involvement，ESI），组织参与面向产品生命周期设计（Design for X，DFX）的评审，并与供应商联合制定技术规格书。此外，还需搭建风险预控体系，建立物料风险登记册，制定备选方案触发机制，并使用供应商技术能力评估矩阵。在这一阶段，采购人员运用项目管理的规划过程组知识，结合范围管理明确供应商参与DFX评审的范围，运用进度管理规划任务节点，确保供应商适时介入。同时，借助成本管理知识构建成本模型、规划预算，并依托风险管理知识搭建风险预控体系，全面规划采购工作。

到了开发阶段（Develop Phase），核心任务是保障开发资源充足和及时。采购部门需要敏捷执行采购任务，建立快速打样通道，并有效管理工程变更通知（Engineering Change Notice，ECN）的供应链响应。此外，还需进行成本动态优化，实施应该成本模型（Should Cost Model），并开展价值工程分析（Value Analysis/Value Engineering，VA/VE）跨职能协作。在这一阶段，采购人员运用项目管理的执行过程组知识，通过敏捷采购整合内外资源，保障物资及时供应。同时，借助资源管理知识有效管理项目资源，确保开发过程的顺利进行。此外，还运用沟通管理知识促进信息流通，达成成本与质量目标。

进入验证阶段（Verify Phase），核心任务是验证供应的稳定性。采购部门需要协同量产准备，主导生产件批准程序（Production Part Approval Process，PPAP）中的供应商交付审核，并验证二级供应商的产能。同时，还需建设质量防火墙，建立物料失效模式库，实施供应商过程审核，并借助物料成熟度评估雷达图进行质量把控。在这一阶段，采购人员运用项目管理的监控过程组知识，主导供应商交付审核，验证产能，并建立质量防火墙来监控供应质量与进度，及时纠正偏差。

到了发布阶段（Launch Phase），核心任务是保障产品的爬坡量产。采购部门需要管理产能博弈，制定供应商产能预留协议，并监控关键物料的库存水位。同时，还需进行供应链弹性测试，执行压力测试，并建立替代供应商快速认证通道以应对潜在风险。在这一阶段，采购人员虽然主要运用的是项目管理收尾过程组的部分知识来总结经验，但也需要持续关注风险管理，确保量产过程的顺利进行。

最后，在生命周期阶段（Lifecycle Phase），核心任务是持续挖掘价值。采购部门需要持续改进成本，推行年度降本计划，并管理产品退市（End of Life，EoL）阶段的物料处理。同时，还需推动供应生态的进化，驱动供应商的技术升级，构建供应商能力发展路线图，并利用供应商协同创新计分卡来激励供应商。在这一阶段，采购人员运用项目管理的收尾过程组知识来总结经验教训，并持续优化采购策略。同时，借助成本管理知识持续改进成本效率，提高采购的整体效益。此外，还运用干系人管理知识推动供应商的技术升级，优化供应生态。

由此可见，采购部门在 IPD 流程的不同阶段中，通过灵活运用项目管理的知识，展现出至关重要的专业价值。采购不仅确保了产品的顺利开发和量产，还在降低成本、提高质量、防控风险等方面做出了重要贡献。

1.3　案例研究：不会项目管理，会让人在囧途

前面，我们已经了解了项目管理的五大过程组和十大知识领域，也清楚了五大过程组与采购流程、产品开发流程的关系，构建了项目管理知识框架。运用这些知识，能让采购更专业、项目更成功。那如果不运用这些知识会怎样呢？下面我们来看一个案例。

某公司筹备大型新品发布会，旨在推出创新电子产品，提升品牌知名度和产品销量。采购部门负责物资与服务的采购，却因采购人员缺乏项目管理知识，状况频出。

启动过程：目标与资源评估模糊

启动过程，采购人员未与项目团队充分沟通。新品发布会对场地要求特殊，场地需容纳众多嘉宾、设展示区、配备高端设备，但采购人员仅凭过往小型活动经验，简单选定场地，未考虑场地布局、容量是否匹配，导致后续场地变更，浪费了大量时间、精力。从项目范围管理看，未明确采购边界与需求；从项目整合管理看，信息整合失效，采购方向一开始就出错。

规划过程：计划混乱缺失细节

规划过程，采购人员没有制订详细采购计划。对于宣传物料、礼品、舞台设备等物资，采购时间节点与质量标准模糊。比如对于宣传海报，未确定设计风格要契合新品定位，也未规定印刷材质工艺，致使海报风格不符，只能重新设计，延误了宣传时机。在进度管理上，采购进度安排不合理，物资无法按时到位；在质量管理上，缺乏明确标准，采购质量参差不齐。

执行过程：资源协调与合同管理失控

执行采购计划时，问题接踵而至。采购人员与供应商沟通不畅，采购舞台设备时，未清晰告知技术参数与使用时间，导致设备不符合要求且延迟发货。在沟通管理上，未与供应商建立有效沟通机制；在采购管理上，合同条款对质量和交付时间约束不明，出现问题后应对乏力。

监控过程：问题发现与应对滞后

监控过程，采购人员未建立有效监控机制。物资采购进度和质量缺乏定期跟踪，等发现宣传物料设计问题、舞台设备交付延迟时，发布会已近在咫尺。从项目监控看，缺乏关键环节监控指标与频率设定，不能及时发现并纠正偏差；在风险管理上，未提前识别供应商、质量等风险，更无应对预案。

收尾过程：交付与经验总结缺失

发布会结束后，收尾工作混乱。采购人员未核对物资交付与合同细节，多采购的物资未退货，造成资金浪费；未总结采购过程中的问题，未能为后续项目积累经验。从项目收尾看，合同收尾与经验总结双双缺位；从项目整合管理看，收尾工作未有效融入整体流程，采购项目虎头蛇尾。

【知识回顾与思考】

本章我们学习了项目管理的五大过程组和十大知识领域，以及它们与一项采购任务之间的关系。从上述新产品案例可见，缺乏项目管理知识会让采购工作陷入困境。

在启动过程，需明确项目范围和整合信息，否则采购方向易错。规划时，制订详细计划，明确时间、质量标准，才能避免混乱。执行中，建立有效沟通机制、明确合同条款，可防止资源协调和合同管理失控。监控环节，设定关键指标和频率，提前识别风险并制定预案，能及时纠偏。收尾阶段，做好合同核对与经验总结，完善整体流程。

思考一下，若采购人员能运用这些知识，在每个过程组遵循相应管理原则，这场发布会的采购工作是否会顺利很多？在实际采购中，我们又该如何灵活运用这些知识呢？

第 2 章

做一个优秀的项目经理

在第 1 章，我们搭建起一套项目管理知识体系，了解了五大过程组与十大知识领域，为成长为采购与项目管理"双料人才"筑牢了理论根基。但理论仅是理论，真正的考验在于如何将知识运用到实际工作，将知识转为能力，成为优秀的项目经理。

项目经理作为项目的掌舵者，既要有扎实的项目管理专业知识，又要具备融合采购与项目管理的能力，以及在复杂环境中精准决策的智慧。

在本章，我们把项目管理知识与采购工作实际场景深度融合，探讨如何在实践中发挥项目经理的作用，高效达成项目目标。我们会从责权利、能力培养、团队协作、风险管理等方面，借助具体案例分析，揭秘成为既懂采购又擅长管理的优秀项目经理的诀窍。无论你是项目管理新手，还是有经验的采购人员，都能从本章获取宝贵的实践指导与灵感。

2.1　项目经理的责权利

项目经理是项目团队的领导者，负责规划、组织、指导和控制项目的各个方面，从项目启动到项目结束。他们需要确保项目按时、按预算、高质量完成，并与干系人进行有效沟通。这首先要确保有明确的责权利。

2.1.1　定责、授权、享利，项目成功"三部曲"

项目经理是项目团队的核心枢纽，从项目启动到收尾，每一个环节都离不开项目经理的精心把控。他们不仅要确保项目按时、按预算、高质量地交付，还要与项目各干系人保持良好的沟通，协调各方资源，推动项目顺利进行。而明确的责权利，则是项目经理高效履行职责、推动项目走向成功的关键所在。定责、授权、享利，正是这一过程中不可或缺的项目成功"三部曲"。

1. 责任

（1）把控项目目标。

交付符合质量标准的成果，满足客户需求，比如网站开发，要保证页面设计美观、功能稳定、体验良好；严格控制项目进度，制订并执行合理计划，防止延误，比如工程项目，各施工阶段必须按时推进；管控项目成本，合理分配资源，杜绝浪费，比如广告投放项目就要精准规划预算。

（2）管理协调团队。

组建适配项目需求的团队，挑选专业且有协作精神的成员，比如软件开发项目就需要程序员、测试员等专业人才；激励团队成员，营造积极氛围，提升凝聚力与执行力，可通过组织培训、团建活动实现；协调团队内部关系，及时解决矛盾冲突，保障工作顺利开展，跨部门项目中要化解成员间的工作习惯差异和冲突。

（3）管控应对风险。

全面识别潜在风险，包括市场波动、技术瓶颈等，比如金融项目需关注利率波动、政策调整等；科学评估风险影响，制定应对策略，针对技术难题，可组建专家团队或寻求外部支持；持续监控风险动态，灵活调整应对措施，发现新风险及时更新预案。

（4）沟通协调管理。

与客户、上级、供应商等保持密切沟通，及时传递信息，了解需求变化，定期向客户汇报进度、收集反馈；合理管理干系人期望，避免不切实际的要求影响项目推进，向领导客观说明项目情况，争取支持。

2.权力

（1）资源调配权。

有权自主分配人力、物力、财力资源，保障关键任务，研发项目应优先为核心技术研发分配资源；可灵活调整团队成员的工作任务，优化分工，紧急时调配人力支援关键任务。

（2）决策执行权。

对项目事务拥有决策权与执行权，快速应对问题。面对项目范围变更，能决定是否接受及调整方案；面对突发情况，可果断做出应急决策，降低损失，比如面对项目现场安全事故，立即启动应急预案。

（3）奖惩建议权。

依据成员表现，向相关部门提出奖惩建议，以激励成员，对表现突出者建议给予奖金、表彰；评估供应商服务质量，有权建议延续、调整或更换合作供应商，对服务不佳的供应商可建议终止合作。

3.利益

（1）项目成功激励。

项目成功完成后，获得物质奖励，如项目奖金、绩效奖金，增加经济收益；赢得荣誉与认可，获得内部表彰、晋升机会，助力职业发展。

（2）个人能力成长。

积累丰富的项目管理经验，提升专业技能水平与综合素质，复杂项目能锻炼规划、统筹、应对风险等能力；拓展人脉资源，与行业各方建立良好合作关系，为未来职业发展铺路。

定责、授权、享利，这"三部曲"环环相扣，共同奏响项目成功的乐章。明确的责任让项目经理有了前行的方向，授予的权力为其提供了实现目标的工具，而享受的利益则成了激励其不断奋进的动力。只有三者有机结合，项目经理才能在项目管理的道路上走得更远，项目才能取得最终的成功。

2.1.2　作为采购，如何明确责权利

当领导把任务交给你，你就是项目经理。这意味着，当领导将采购任务交到你手中时，你就担当起了采购项目经理的角色，同时也就肩负起了与之对应的责、权、利。

1.职责重大

作为采购项目经理，你由组织（项目发起人、上级领导）委派，核心职责是达成采购项目的目标。为确保目标达成，需全面且精准地把控多个关键要素。

在时间管理上，要精心规划采购流程的每一个环节，从需求分析、供应商筛选，到合同签订、交货验收等，都要设定合理且精确的时间节点，保证物资或服务按时交付，避免因延误影响项目整体进度。在成本控制上，不能仅着眼于采购价格，还需综合考量运输、仓储、维护等各项隐性成本。通过谈判、招标等策略，在既定预算范围内实现成本的最优化。质量是采购的生命线，必须明确采购物资或服务的质

量标准，并建立严格且有效的检验和验收机制，确保其完全符合项目要求。

此外，你还需时刻关注利益相关方的满意度，包括内部的需求部门、财务部门、仓储部门，以及外部的供应商、监管机构等。应积极协调内外部资源，促进各方之间的有效沟通与协作。同时，要具备敏锐的风险意识，及时识别（如供应商破产、市场价格波动、政策法规变化等）潜在风险，并迅速制定切实可行的应对策略，保障项目平稳推进。可以说，项目经理就如同采购项目的"总指挥"，对采购项目的成败负主要责任。

2. 权力有限

尽管责任重大，项目经理在权力方面却存在明显的局限性，属于典型的"责大权小"，责任很大，像总经理，要为项目的一切考虑，但权力很小，甚至不如职能部门经理，没有直接的人、财、物权力。由于采购项目团队成员大多来自不同部门，项目经理往往不具备实际的人事调配权，无法自主决定团队成员的岗位安排和去留。同时，也没有升职加薪的权力，难以通过直接的物质激励来调动团队成员的积极性。

这就导致在项目管理过程中，项目经理无法像公司总经理或职能部门经理那样，高效地指挥和管理团队。团队成员可能更倾向于听从自己的直线经理的指令，使得项目经理在推进项目时面临诸多挑战，责任与权力的不对等，所以，经常有人把项目经理的英文名称首字母缩写 PM（Project Manager）戏称为"Poor Man"（可怜人）。

3. 潜在利益

虽然权力有限，但担任项目经理也为个人带来了宝贵的发展机遇和潜在利益。当你成功完成采购项目，出色地实现了各项预定目标时，获得升职加薪便成为可能，这是对个人工作能力和辛勤付出的直接认可与回报。

更重要的是，在项目管理的过程中，你能够积累丰富且专业的知识与技能，包括项目规划、供应商管理、风险管理、沟通协调等多个方面。这些经验和本领将极大地提升你在采购领域的专业素养，增强你在职场中的竞争力，为你未来的职业发展奠定坚实基础。

通过不断努力，你完全可以从权力受限的"Poor Man"（可怜人），转变为能力出众、充满活力的"Power Man"（活力超人），实现个人价值的飞跃和职业道路的拓展。

2.1.3 三招破局，化解"责大权小"困局

对项目经理而言，责任重、权力小使得工作推进困难重重，既要承担项目失败的后果，又缺乏足够权力调配资源，长此以往，极易滋生职业倦怠。从项目层面看，责权利不清晰会导致项目进度拖延、决策缓慢，项目目标难以实现。

但我们也应该明白，对于任何管理者而言，权力并非一定来自职位权力——公司赋予的，更多体现为个人的领导力。管理学上讲的领导力，是一种独特的个人魅力，是在人际交往中自然形成的影响力，能够让团队成员心悦诚服地追随并为之努力。所以，作为承担任务的采购人，我们要注重提升自己的领导力。

要化解"责大权小"这一困局，可以从以下三个方面突破。

1. 主动担责，权力随责而来

主动担责是获取权力的基石。项目经理应积极主动地承担起项目的各项责任，以高度的责任心认真履行每一项职责。当项目经理展现出强烈的担当意识和出色的工作能力时，团队成员和上级会对其更加信任，

从而给予更多的支持与配合。这种信任与支持就是愿景领导力，会在无形中扩大项目经理的实际权力，为项目推进提供有力保障。

2. 积极争取，合理索要权力

权力不会凭空降临，主动争取是关键。项目经理要明确自身的职责与权力范围，一旦发现权力不足以支撑项目进展，就要勇敢地向上级提出合理诉求，扩大自己的职位权力。这个职位权力，是因为这个项目而被授予的。在争取权力时，要充分阐述项目的重要性、紧迫性，以及所需权力对项目成功的关键作用。通过合理的沟通与争取，为自己赢得更多的权力。

3. 以身作则，实干树立权威

权威的树立离不开实际行动，以身作则是树立权威的核心。项目经理在工作中要充分展现出专业素养、严谨态度和领导能力。通过以身作则，成为团队成员的榜样，赢得他们的敬重与信任，进而获得榜样权力。这种基于个人魅力和领导力所树立的权威，比职位赋予的权力更具影响力，能更好地推进项目。

项目经理面临的"责大权小"困境并非无解。主动担责、积极索权、以身作则这三招，不仅能帮助项目经理获取更多权力、更好地履行职责，还能提升项目的执行效率，助力项目走向成功。

2.2 项目经理的能力要求

当领导把任务交给你，你便成了项目经理。然而，要想做好这个项目并不轻松，会面临三大挑战。

首先，责大权小，协调艰难。身为项目经理，你为项目成败负责，可项目成员的人事调配权却攥在其部门上司手中。成员大多与你平级，有的甚至级别更高，像技术部门人员，因工作性质他们常常坚持自己的想法，沟通起来困难重重，你很难有效指挥，多数时候只能独自艰难推进。

其次，任务艰巨，时间紧迫。领导交代的任务不仅量多、难度大，还要求在极短时间内完成，同时还面临资源有限、需求复杂等难题，让人感觉几乎不可能完成。

最后，干系人冲突，难以平衡。在采购与项目管理交织的场景下，部门之间、部门与项目发起人之间，因立场和目标不同分歧不断；采购方与供应商在成本、质量、交付时间等方面也矛盾频发。而你需要在这些冲突中权衡利弊，找到各方都能接受的解决方案。

2.2.1　项目经理，需具备三大核心能力

好采购要懂项目管理，领导把任务交给你，你就是项目经理。那么作为采购项目经理，需要具备的三大核心能力是什么呢？

PMI 管理体系清晰指明了，项目经理需具备技术项目管理、战略和商务管理以及领导力这三大类能力，而从采购这一特定视角出发，采购项目经理所需能力又有独特之处，除了项目管理能力，还需具备深厚的采购专业能力以及卓越的领导力。

若进一步剖析，这些能力可归结为对事、对人、对钱这三个方面的能力。

1. 对事，项目统筹与高效执行能力

采购项目经理需全面把控采购项目的各个环节，从制订详细且合理的采购计划，明确项目目标、范围和时间节点，到运用科学的方法（如工作分解结构，WBS）将复杂项目拆解为可管理的任务，合理分配资源并监督执行。要具备敏锐的洞察力，及时发现项目执行过程中的问题与

偏差，并迅速采取有效措施进行调整和纠正，确保采购项目顺利推进，按时、按质、按量完成。例如，在大型原材料采购项目中，能处理好供应商选择、合同签订、物流运输、质量检验等一系列事务，保障项目有条不紊地进行。

2. 对人，团队协作与沟通协调能力

在采购项目中，涉及内部团队成员、供应商、其他部门人员等多方人员。采购项目经理要善于凝聚团队力量，激发团队成员的工作积极性和创造力，营造良好的团队合作氛围。同时，要具备出色的沟通技巧，与供应商进行有效的谈判和协商，建立并维护良好的合作关系；与内部各部门（如财务、生产、技术等部门）保持密切沟通，及时了解各方需求和意见，协调解决分歧，确保项目得到各方的支持与配合。比如，当采购需求与生产计划出现冲突时，能够通过沟通协调找到平衡点，推动项目顺利进行。

3. 对钱，成本管控与预算管理能力

采购项目经理要对采购成本进行严格把控，在保证采购质量的前提下，通过合理的采购策略（如批量采购、招标采购等）降低采购成本；应制定准确的采购预算，并在项目执行过程中严格监控预算的使用情况，及时发现并控制成本超支风险；能够对采购项目的成本效益进行分析评估，为企业提供决策支持，确保每一笔采购支出都能带来最大的价值回报。例如，在采购设备时，综合考虑设备价格、维护成本、使用寿命等因素，做出最优的采购决策，实现成本与效益的平衡。

在这里，除了对事、对人、对钱这三方面的能力，我想特别强调"主动"的能力。在过往的实践中，采购部门被定位为辅助支持部门，不少采购人员总是被动等待需求部门提出明确指令后才行动，习惯于依赖

既定流程和上级指示，缺少对客户需求的洞察力和敏锐的供应市场感知力。因此，采购人员必须转变观念，主动提升自身能力，从被动的执行者转变为主动的价值创造者。

2.2.2　优秀项目经理，有三大衡量标准

当领导把任务交给你，你就成了项目经理，要为项目成败负责。那如何评判一位项目经理是否优秀呢？优秀项目经理有三大衡量标准：打破横向壁垒、整合内外资源、超预期完成工作。

1. 打破横向壁垒

项目管理最大的特点是跨部门，因目标、工作方式和利益诉求不同，易形成"部门墙"。优秀项目经理凭借卓越的领导力，组织跨部门沟通，协调各方利益，制定共同目标。他们运用有效的沟通技巧，实现信息共享，消除误解和冲突，促进各部门之间高效合作，确保项目顺利进行。

2. 整合内外资源

优秀项目经理与各部门密切沟通，了解人力、物力、财力等资源状况。他们根据项目需求和人员技能，合理调配资源，避免浪费。同时，与供应商和合作伙伴保持良好互动，引入优质外部资源，为项目成功提供有力保障。

3. 超预期完成工作

优秀项目经理以高标准要求项目成果，提前识别风险并制定预案。他们清晰界定目标，合理分工，定期评估激励，激发团队潜力。在执行过程中，根据项目实际情况灵活调整方案，最终在质量、成本、时间等方面均超出预期，为项目带来卓越成果。

🗐【案例】

苦哈哈的李华，成了"伪项目经理"

李华被领导委以重任，负责公司新办公大楼的装修项目，他本以为是职业生涯的一次晋升契机，没想到却成了一场噩梦。

项目启动后，李华一心扑在具体事务上，每天从早到晚忙得不可开交。他亲自跑建材市场挑选材料，为了找到价格便宜的，常常在不同商家之间来回奔波，午饭都顾不上吃。晚上回到家，还在核算当天的采购成本，累得腰酸背痛。

但李华完全没意识到项目经理的核心职责，没有去打破横向壁垒。设计部门希望打造一个现代化、开放式的办公空间，而行政部门考虑到日常办公的私密性，希望多隔出一些独立办公室。两个部门僵持不下，李华却没有组织有效的沟通会议，任由双方矛盾发酵，导致设计方案多次修改，严重影响了项目进度。

在整合内外资源方面，李华同样表现糟糕。在内部资源上，他没有合理调配人力。有经验的施工人员被安排去做简单的搬运工作，一些新手却被派去负责关键的水电线路铺设，结果错误频出，返工不断。在外部资源上，他在选择建材供应商时，只看重价格，没有考察其供货能力和产品质量。结果，施工过程中，供应商多次延迟供货，送来的材料还存在质量问题，又得重新采购，极大地影响了施工进度。

李华每天都在施工现场忙碌，亲自盯着工人施工，累得嗓子都哑了。然而，由于缺乏有效的组织管理，项目进度严重滞后，成本也超出了预算。领导来视察时，看到混乱的施工现场和缓慢的进度，当场大发雷霆。周边的同事也怨声载道，设计部门抱怨方案被改得面目全非，施工团队吐槽工作安排不合理，行政部门对目前的装修效果也不满意。

【案例点评】

李华在新办公大楼装修项目中沦为"伪项目经理"，根源在于其对自身职责认知不清。

在打破横向壁垒上，他未有效协调设计与行政部门之间的矛盾，任由分歧阻碍项目推进，反映出沟通协调能力的缺失，导致设计方案反复修改，进度延误。

在整合内部资源时，人力分配严重不合理，未能做到人尽其才，使得施工错误频出、返工不断，增加了时间和成本。而在外部资源整合上，只关注价格而忽视了质量和供货能力，造成材料供应问题，进一步影响了施工进度。

李华虽然个人付出诸多努力，但缺乏对项目的整体把控和管理能力。项目经理应明确自身核心职责，做好跨部门协调与资源整合，而不要陷于琐碎事务，否则即便辛苦付出，也难取得理想的项目成果，还可能让项目陷入困境。

2.2.3　优秀项目经理，要学会管理三类人

在项目管理中，有效管理干系人是优秀项目经理确保项目成功的核心能力，其中项目发起人、项目成员和其他利益相关者这三类干系人，尤为关键。

1. 深度契合项目发起人期望

项目发起人通常来自组织高层，他们既是项目的决策者，也是资源的主要调配者，更是项目愿景的规划者，为项目提供启动资金和关键资源支持。比如企业数字化转型项目，发起人旨在通过新技术提升运营效率、降低成本并增强市场竞争力。这就要求项目经理精准把握其战略意

图，定期汇报项目在业务流程优化、成本降低等方面的进展。同时，面对资金需求变化、资源调配难题，及时与发起人沟通，寻求支持。一旦对发起人的期望出现理解偏差，项目就易偏离战略方向，失去关键资源和资金支持，功亏一篑。

2. 充分满足项目成员需求

项目成员来自不同专业领域，是项目执行的关键力量。以采购流程优化项目为例，不同部门成员的期望和需求差异明显。

申请部门：作为采购需求源头，期望采购流程高效，能快速满足其物资或服务需求，如急需办公用品时，渴望缩短等待时间。

法务部门：关注采购合同的合法性与合规性，希望在流程早期介入审查合同条款，规避法律风险，特别关注大型设备采购合同中的违约责任、知识产权等条款。

财务部门：聚焦成本控制与资金流管理，期望采购流程保障资金合理使用，提供清晰的成本核算和预算执行数据，以实时监控采购支出。

合规部门：着重确保采购全程符合内外部规章制度，期望各环节有明确的合规标准和监督机制，尤其是国际采购要符合进出口法规及企业内部政策。

项目经理需制订详细项目计划，明确各部门职责和任务优先级，定期组织跨部门沟通会促进协作，合理分配工作以平衡部门工作负荷。忽视这些需求，易引发部门间矛盾，导致项目进度停滞、效率低下。

3. 有效平衡利益相关者诉求

利益相关者是与项目有利害关系的个人或组织，包括客户、供应商、合作伙伴、政府机构、社区成员等。他们虽不直接参与项目日常执行，但对项目进展和结果十分关注，影响深远。

以出海工厂建设项目为例，当地社区成员关心建设对环境的影响，以及建成后对当地就业和经济发展的带动；供应商关注货款支付周期和订单稳定性。项目经理需要搭建多样化沟通渠道，及时向客户反馈工厂建设进度和预期产能；与供应商协商合理的付款方式和合作期限；严格遵守当地法规，主动沟通项目合规事宜。若对利益相关者诉求不理不睬，各方矛盾将激化，项目将面临舆论压力和法律风险，推进过程困难重重。

项目经理只有时刻牢记这三类干系人的期望与需求，精准把控并妥善管理，才能凝聚各方力量，推动项目顺利走向成功。

2.3　解锁优秀密码：摆脱忙乱，告别加班

在采购工作里，不少从业者深陷加班泥潭，不仅自身疲惫，还可能拖累整个项目团队。这真的是工作任务过重导致的吗？其实，不懂项目管理才是根源。懂项目管理的采购人员工作有条不紊，告别加班，而不懂的则错误百出，越忙越乱，越乱越忙。下面我们来分析一下这两者的区别。

1. 不懂项目管理，加班成常态

（1）规划缺失，进度失控。

缺乏项目管理思维的采购人员，接到任务后不会制订清晰计划。以采购生产设备为例，未合理安排供应商寻源、招标、合同签订、交付及验收等环节的时间节点，若供应商选择耗时过长，后续安装调试时间被压缩，采购人员只能加班赶进度，还会连累生产、质检等部门，打乱整个项目节奏。

（2）风险无视，意外冲击。

采购项目风险众多，不懂项目管理的采购人员常忽视风险识别与评

估，导致项目被意外干扰。例如原材料采购，如果没提前对供应商产能、物流运输时的天气等风险做预案，一旦供应商工厂突发火灾、遭遇暴雨致物流受阻，就会手忙脚乱，只能加班协调资源，弥补损失的时间。

（3）沟通不畅，反复返工。

项目执行中，与领导、需求部门、供应商沟通很重要。不懂项目管理的采购人员沟通易出问题。需求部门变更物资规格、型号需求时，采购人员若未及时传达给供应商或理解有误，会导致物资不符合要求，只能重新采购，浪费了时间和精力，只能加班。领导要求变化时，采购人员若沟通无效，项目就会在错误方向推进，最终返工，陷入加班循环。

2.懂项目管理，让加班为零

（1）精细规划，高效推进。

优秀的采购项目经理会制订详细的项目计划，把项目拆分为子任务，分配时间和责任人。从需求收集到交付验收，各环节都有精确安排和流程把控，采购人员能提前知晓工作重点，合理安排时间，避免加班。同时，他们还会主动与需求部门紧密沟通，协助制订需求计划，提前预估采购需求，避免紧急需求导致的加班。

（2）全面风控，从容应对。

懂项目管理的采购人员会全面识别和评估项目风险，考虑原材料价格波动、供应商信用风险、政策法规变化等因素。针对原材料价格波动，提前签订价格锁定合同；针对供应商信用风险，建立评估体系；针对政策法规变化，及时关注并调整策略。这样，风险来临时就能从容应对，避免因风险导致加班。

（3）有效沟通，减少反复。

有效的沟通是项目成功的关键。优秀的采购项目经理应建立完善沟通机制，与各方保持密切联系。面对需求变更，能迅速响应、准确传达，协调各方利益，避免误解和返工，提高工作效率，告别加班。

此外，不懂项目管理的采购人员不总结经验教训，不建立知识档案，导致错误重复出现；不组织培训提升，导致团队能力停滞；不优化流程，导致风险频发。这些使得忙乱与加班的恶性循环持续。

对于采购人员而言，要想真正摆脱忙乱的工作状态，告别加班的困扰，掌握项目管理能力是至关重要的。项目管理能够帮助采购人员科学规划工作、有效防控风险、实现顺畅沟通，让采购工作变得高效有序，实现从忙碌到从容的完美转变。

2.4 案例研究：推动项目成功，要"有几把刷子"

当我们说一个人"很厉害"时，有时会说这个人"有几把刷子"。因为在古代，手工艺人凭借自己的精湛技艺谋生，刷子是他们常用的工具。如果一个人在某个领域表现出色，人们就会称赞他"有几把刷子"，意思是他在这个领域有着过硬的技能或本领。那作为采购项目经理，应该有哪几把"刷子"呢？

先锋制造公司在产品研发与市场拓展方面表现出色，然而采购环节却因采用传统模式而问题频出，不仅采购成本居高不下，供应风险也较大。林悦临危受命，负责公司的采购数字化转型项目，引入 SRM（供应商关系管理）系统。在项目推进过程中，她凭借对事、对人、对钱这三把"刷子"，成功实现项目的逆袭。

对事：规划与执行，精准把控项目节奏。

项目启动之初，林悦便与公司高层进行深入沟通，明确采购数字化转型对于公司战略发展的重要意义，清晰界定项目边界。通过组织多轮跨部门研讨，广泛收集采购环节的痛点问题以及各部门对 SRM 系统的期望，进而制定出具体目标：在6个月内成功引入SRM系统，实现采购流程自动化率超过80%等。这些目标完全符合SMART原则，即具体的（Specific）、可衡量的（Measurable）、可达成的（Attainable）、相关联的（Relevant）、有时限的（Time-bound）。

在项目执行过程，她运用工作分解结构对项目进行细致分解，并为每个阶段设定明确的里程碑。通过对市场上众多SRM系统进行全面评估，最终选定最适配公司需求的系统。在系统定制开发过程中，合理调配团队资源。同时，建立起严格的项目监控机制，每周召开项目进度汇报会，及时跟进项目并对潜在风险进行预警，确保项目能够按照预定计划顺利推进。

对人：凝聚与协调，构建良好合作氛围。

项目启动时，林悦通过激情动员，充分激发了团队成员的信心和工作热情。在项目推进过程中，她搭建起全方位、多渠道的沟通体系，借助项目专属沟通群实现信息的实时交流共享，通过线上例会让各小组能够分享工作经验。对于重要问题，则及时组织面对面沟通会。当财务部门对项目的成本投入和预期收益心存疑虑时，林悦用翔实的数据和具体案例，向他们展示了系统所能带来的效益，成功消除了财务部的顾虑，有效凝聚了各方力量，为项目的顺利实施营造了良好的合作氛围。

对钱：预算与管控，实现降本增效目标。

在项目规划过程中，林悦综合考虑各项成本因素，制定出合理的项目预算。在执行过程中，她对每一笔支出都进行严格监控。SRM系统上线后，显著提升了采购环节的自动化水平，有效降低了人工成本；同时，供应商寻源周期大幅缩短，减少了时间成本；采购成本透明度提高至98%，便于进行成本管控。最终，采购流程自动化率达到85%，供应商寻源周期缩短至10天以内，采购成本整体降低了18%，成功实现了降本增效的目标。

对事、对人、对钱，是本书总结的采购项目经理三大核心能力，林悦凭借这三把"刷子"，成功推动了采购数字化转型项目的完成。

【知识回顾与思考】

本章着重探讨了优秀项目经理的关键要素，包括责权利的平衡、能力要求、化解"责大权小"困局，以及整合资源、对接干系人等要点。

在林悦负责的采购数字化转型项目中，这些要点得以充分体现。她明确项目目标，承担起推动采购数字化的责任，同时合理规划执行，运用权力协调资源，一定程度上化解了"责大权小"的问题。在打破横向壁垒方面，她通过组织多轮跨部门研讨，广泛收集信息，消除部门间沟通障碍。对接干系人时，面对财务部门的疑虑，林悦用翔实的数据和案例展示 SRM 系统的效益，成功赢得支持。

思考一下，在实际项目中，如何精准把握责权利的尺度？当遇到更复杂的部门关系和干系人需求时，该借鉴林悦的哪些经验，又该探索哪些新方法，才能更好地整合资源、推进项目呢？

第 3 章

启动：定义项目，授权开始

当领导将任务交给你，你便肩负起了项目经理的职责，接下来就要正式开启这个项目。项目启动过程中的核心工作，就是精准地定义项目，并获取正式的启动授权。这绝非简单地接收任务，而是需要对任务进行深度剖析。

值得注意的是，我们日常所说的立项，是启动阶段的一个初始动作。其主要任务是对项目的必要性、可行性进行全面评估和论证，在此过程中须明确项目的目标与范围，估算大致的时间安排和资源需求，制订初步的项目方案，并获得相关部门或领导的批准，以此正式确立项目。

另外，在项目启动阶段还须梳理出主要的项目干系人，确定项目经理的职责与权限，同时清晰界定预期成果，全面评估可能存在的风险以及潜在的约束条件。

一个清晰、精准的项目定义，加上强有力的项目启动，能够为项目的推进奠定坚实基础，极大地提升项目成功的概率。

3.1　好的开始，成功一半

"好的开始，成功一半"，用这句话形容项目启动过程非常准确。项目启动过程作为整个项目生命周期的起点，核心工作是定义项目和获取授权。作为项目经理，需要与项目发起人充分沟通，全面掌握项目背景、目标以及预期成果，精准完成项目定义。紧接着，努力争取发起人及高层的认可，成功获取项目授权，这是项目资源得以保障的关键。

获得授权后，便可有序开展后续工作，启动过程的主要输出如下。

- 项目章程。
- 项目团队。
- 干系人登记册。
- 初步需求文档（包含业务需求、功能需求、性能需求等项目干系人的初步期望与要求汇总）。
- 初步项目范围说明书。
- 项目启动会议纪要。

那启动过程从什么时间开始，到什么时间结束，它们的标志是什么呢？

项目启动过程开始的标志是获得初步授权，如发布项目章程、任命项目经理。项目启动过程结束的标志一般是完成项目章程的制定并获得批准，以及召开项目启动会议。在项目启动会议上，向项目团队成员和相关干系人介绍项目背景、目标、主要计划等，并且完成对项目的初步规划，确定项目的可行性，这意味着启动过程的结束，之后进入项目规划过程。

下面让我们来看两个截然不同的采购案例，它们生动展现了"好的开始，成功一半"的道理。

先看资深采购经理张工的经历。一家自动化设备制造企业计划研发新型智能仓储机器人，张工负责核心零部件设备的采购。项目一启动，张工就与研发团队深入研讨，他得知机器人对驱动电机、传感器等设备的精度、稳定性和响应速度要求极高，且要控制成本以提升竞争力。明确目标后，张工因准备充分获得公司高层的采购授权。他全面识别研发、生产、售后等干系人，汇总各方需求并形成文档，还用 RACI 矩阵合理分配团队任务。

再看采购新人小刘。另一家企业研发新型智能分拣设备，小刘负责采购相关设备。在启动过程，小刘未与研发团队深入沟通，对于设备技术指标模糊就找供应商，还遗漏了生产部门对设备安装空间的特殊要求。他没制定项目章程，团队职责混乱。

最终结果差异巨大。小刘采购的设备与设计不匹配，安装困难、性能不达标，致项目进度滞后、成本超支。而张工的项目因启动准备充分，采购顺利，设备按时、按质交付，智能仓储机器人成功研发并推向市场，大获成功。

这两个案例有力表明，项目启动过程的工作至关重要，重视与否直接关乎项目成败。

启动过程有很多任务，其中，制作项目章程、识别干系人、组建项目团队是启动过程中的三大重点任务，也是后文将着重阐述的部分。

3.2 识别干系人，掌握诉求和影响力

作为项目经理，在完成项目定义并获取授权后，识别与管理干系人是关键任务。《PMBOK® 指南（第 7 版）》中对干系人的定义为：能影响

项目组合、项目集或项目的决策、活动或成果的个人、群体或组织，以及会受或自认为会受这些决策、活动或成果影响的个人、群体或组织。干系人涵盖所有与项目相关、能影响项目或受项目影响的个人、群体或组织，如项目成员、发起人、外部客户、供应商、受间接影响的社区居民等。

为有效识别和管理，可罗列干系人清单。完整的清单应包含以下信息。

- 基本信息：姓名、职位、所在部门或组织、电话及邮箱等联系方式。
- 角色和职责：明确在项目中的角色（如决策者、执行者等）及相应职责、权限。
- 利益诉求：掌握其对项目的期望和利益诉求。
- 影响力：评估其在项目决策、资源分配等方面的影响力大小。
- 态度和立场：记录对项目支持、中立或反对干系人的态度及立场观点。
- 参与程度：确定是深度参与、部分参与，还是仅提供有限信息或支持。
- 潜在影响和风险：分析其对项目可能产生的潜在影响与风险。
- 沟通需求：依角色、利益诉求和参与程度，明确沟通频率、方式及内容。

3.2.1　不要忽视"有关人员"

在识别和管理干系人过程中，不要忽视"有关人员"，很多项目失败，就是遗漏了"有关人员"，或忽视了他们的影响力。我们日常工作中常说"有关人员"，其实就是项目管理的"干系人"。遗漏干系人，极可能在项目推进时引发进度延误、成本超支、质量下滑等问题。因此，精准识别干系人，对采购人员至关重要。

识别出干系人后，要将其姓名、职位、联系方式、项目角色等信息记录成清单，方便后续管理。很多项目失败，就是因为干系人管理不善，没重视其需求、期望，也没处理好相关冲突。在识别干系人时，有三个要点须重点关注。

1. 避免遗漏干系人

不仅不能遗漏任何关联个体或组织，还得全面了解它们。从职位职权看，要明确各岗位在项目中的职责与权力。比如财务部门审批预算，法务部门审核合同合法性，忽视它们会导致采购决策失误、合同风险增加。要梳理各部门岗位参与项目的流程，明确关键决策点对应的岗位。从人物本身看，了解其决策偏好、价值取向等也很重要。比如财务负责人重视成本，技术骨干偏爱新技术，通过交流、参考过往经验收集这些信息，便于沟通协作。

为防止遗漏，可采用以下方法：深度查阅项目合同、章程等资料，挖掘潜在干系人并明确其职权；组织项目团队头脑风暴，从多视角发现潜在干系人，交流其特质；向专家、资深项目经理请教，获取经验，识别隐性干系人。

2. 关注"背后的人"

识别干系人不能只看直接对接人，要深挖其背后关键人物。从职位职权讲，采购生产设备时，进行定价、合同决策的可能是供应商商务经理；在公司内部，研发部门主管把控采购设备技术指标和预算。从关键人物本身出发，了解其性格特点、工作风格等自然状况。比如行事果断的商务经理，喜欢简洁方案；追求细节的研发主管，看重设备创新性。梳理决策流程，了解职位职权和个人特质，能推动采购项目。

3. 关注"意见领袖"

公司内外有这样一群人，无正式决策权却能影响项目走向。资深老员工经验丰富，观点易获认同，如采购办公软件时，其需求可能影响决策；决策者身边的人，如助理，其反馈会影响决策者态度；德高望重的专家，凭借专业知识，其建议能为采购决策者提供关键参考，如采购医疗设备时专家意见很重要；还有私下爱发表观点的人，其看法也会在小范围传播并影响采购方向。采购人员要留意这些意见领袖，积极收集他们的观点。

【案例】

被忽视的"关键人"

李阳是一家机械制造企业的采购项目经理，最近负责采购一批新型数控机床，以满足公司日益增长的生产需求。领导对这次采购十分重视，明确提出要在预算范围内选择性能最优的设备，李阳便将主要精力都放在了与领导沟通以及筛选供应商上。

在整个采购过程中，李阳忽视了一个关键的干系人——车间里的资深技术工人王师傅。王师傅在车间工作多年，对各类机床的实际操作和性能了如指掌，在工人中也颇具威望，是大家公认的"意见领袖"。

李阳按照领导的要求，经过多轮谈判和筛选，最终选定了一家供应商，并采购了一批价格合理、参数看似优秀的数控机床。然而，设备投入使用后，问题接踵而至。新机床的操作界面设计复杂，与工人之前使用的设备差异很大，导致工人操作起来十分不便，工作效率大幅下降。而且，机床的一些功能在实际生产中并不实用，反而增加了操作的难度和出错率。更糟糕的是，机床的维护保养要求很高，需要频繁更换昂贵的零部件，这大大增加了使用成本。

王师傅代表工人向李阳反映了这些问题，李阳这才意识到自己在采购过程中忽略了设备使用者的需求和意见。李阳赶忙与王师傅以及其他技术骨干进行深入沟通，了解他们在实际操作中的需求和期望。然后，他带着这些反馈与供应商协商。经过多次沟通和协调，供应商最终同意对操作界面进行简化，并提供更详细的操作培训和技术支持。同时，李阳也向领导汇报了情况，争取到了一定的预算调整，用于更换更实用的零部件。

【案例点评】

李阳在新型数控机床采购项目中，因忽视关键干系人王师傅，致使采购设备使用问题频出。

李阳将精力过度集中于领导要求与供应商筛选，却忽略了对设备实际使用最有发言权的车间工人。王师傅作为资深技术工人和"意见领袖"，其前期的需求和意见未被重视，使得采购的机床操作不便、功能不实用且维护成本高。

问题出现后，李阳积极与王师傅及技术骨干沟通，收集反馈并与供应商协商，还向领导汇报争取预算调整，一定程度上弥补了前期失误。

该案例表明，采购项目管理中全面识别和管理干系人至关重要。不能仅关注领导意见，而应综合考虑各方需求，尤其是像王师傅这样对项目有实际影响的关键干系人。只有这样，才能保障采购项目顺利推进，实现项目预期目标。

3.2.2　管理干系人期望，界定约束条件

在项目管理领域，精准区分干系人的期望与需求，是项目成功的关键基础。"要求"往往具体且可量化，如客户指定的交付时间或明确的性能指标；"期望"则较为抽象，是对项目成果的理想化设想，例如期望产

品拥有极致的用户体验。清晰把握二者差异, 是深入理解干系人真实诉求的核心要点。

在采购项目里, 高效管理干系人的期望与需求, 是确保项目顺利推进、达成采购目标的核心任务。期望管理若出现偏差, 过高的期望会导致干系人在项目成果未达预期时产生失望与不满情绪, 过低的期望则会削弱他们对采购工作的支持力度和参与热情。这不仅会影响采购资源的合理配置, 还直接关系到各方对采购成果的满意度。

采购工作所涉及的干系人主要为公司内部客户, 偶尔也会涉及外部客户。针对不同类型的客户, 期望管理的重点有所不同。

首先, 深入了解干系人的需求和期望是首要工作。公司内部各部门需求多样且可能存在冲突, 例如研发部门期望采购的设备具备先进技术和高性能, 而财务部门则更注重成本控制。采购人员需要与各部门进行充分沟通, 明确哪些需求是紧迫且关键的, 哪些可以在后续过程逐步满足。对于外部客户, 尽管接触频率相对较低, 但其需求直接影响项目成果。以定制产品采购项目为例, 客户既对产品质量有严格要求, 又对交货时间十分敏感, 采购人员必须通过充分沟通, 精准把握这些关键需求。

其次, 对干系人的需求进行优先级排序是合理分配采购资源的关键步骤。依据项目目标、预算和时间要求, 运用四象限法则, 将需求按重要性和紧急性分为四类。对于内部客户, 重要且紧急的需求应优先保障, 重要不紧急的需求制定长期规划逐步落实, 紧急不重要的需求可适当安排或委托他人处理, 不重要不紧急的需求则在资源充足时考虑。对于外部客户, 满足其重要且紧急的需求关乎项目成败, 需调配优质资源确保按时交付高质量产品。

最后, 管理干系人期望, 使其对采购成果有合理预期, 在采购项目管理中至关重要。对于内部客户, 项目开始前, 采购人员应详细介绍采购计划、预算以及可能面临的困难; 项目执行过程中, 定期汇报进度,遇到问题及时沟通并提供解决方案。对于外部客户，在项目前期应清晰阐述采购流程、潜在风险和预期成果，执行过程中应保持信息透明，如有变动及时协商调整。

同时，在项目启动初期，明确四大约束条件也至关重要，这会让我们一想到项目，就想到"做事先定范围，再看时间，想想成本，保证质量"，这是项目开展的常规逻辑。

- 范围：明确项目需要完成的具体工作和交付成果，界定项目边界，包括产品范围和项目范围。
- 时间：确定项目的起止时间及各阶段和任务的时间安排，合理规划时间可提高效率、降低成本并保障资源有效利用。
- 成本：涵盖项目所需的全部费用，须进行有效估算、预算和控制。
- 质量或绩效：质量侧重于项目交付成果的技术标准和规范，绩效强调项目的多维度综合表现。

管理干系人期望与确定约束条件贯穿采购项目的全过程，只有两者协同推进，才能有效协调各方利益，保障采购项目的顺利交付。

3.2.3　评估干系人影响力

在采购项目管理里，识别干系人及其期望与需求仅是开端，精准评估干系人影响力才是关键。不同干系人诉求各异，难以平均满足，所以客观评估其影响力十分必要。实际操作中，不能因项目发起人是上级领导就过度重视，而忽略他人。正确做法是借助科学工具，比如干系人影响力矩阵，从权力、利益、影响等维度，依据实际数据展开分析，以此明确影响程度，为资源分配与沟通策略制定提供依据。其中，权力 / 利益矩阵尤为常用，接下来重点剖析它。

1. 权力 / 利益矩阵分析

权力 / 利益矩阵是评估干系人影响力的常用工具。权力维度体现干系人在项目决策中的话语权和资源调配能力，利益维度关注其在项目中的收益或损失程度。通过将干系人置于四个象限（高权力高利益、高权力低利益、低权力高利益、低权力低利益），可初步判断其影响力。

高权力高利益：这类干系人，如项目主要投资方，深度参与利益分配，其决策影响项目走向。它们对项目兴趣浓厚，信息知晓度高，需要重点管理，通过定期会议、一对一汇报，确保其了解项目进展与问题，满足其合理期望。比如投资方要求采购顶尖品质物资，团队必须严格落实。

高权力低利益：以政府审批人员为例，虽与项目成果利益关联小，但有审批权，具消极高作用，影响项目合规推进。项目团队需及时汇报合规情况，避免审批延误。

低权力高利益：例如项目最终用户代表，使用体验反映项目成败，对相关内容兴趣高，反馈积极。比如采购办公软件时，其对易用性和功能的需求很关键，团队要重点关注并优化方案。

低权力低利益：例如临时小供应商，影响力有限，属积极低作用。适当关注，确保按合同履行义务，可通过定期简报让其了解项目基本信息。

另外，评估干系人影响，还衍生出影响力 / 作用矩阵和兴趣 / 影响力矩阵。

（1）影响力 / 作用矩阵。按照影响力（推动或阻碍项目的能力）和作用力（受项目结果影响的程度）把干系人划分为四类：高影响力高作用（关键推动者），需深度合作，如技术专家或资源控制者；高影响力低作用（潜在风险点），需预防其干扰；低影响力高作用（被动受益者），需确保其需求被满足，如普通用户；低影响力低作用（旁观者），仅需同步常规信息。

（2）兴趣／影响力矩阵。此工具将干系人的兴趣强度（对项目的关注程度）与影响力（改变项目方向的能力）结合，形成新的分类框架：高兴趣高影响力（核心干系人），需主动参与决策，如客户代表；高兴趣低影响力（支持者），需定期沟通以维持积极性，如基层员工；低兴趣高影响力（资源控制者），需通过利益绑定争取支持，如财务部门；低兴趣低影响力（边缘群体），仅需最低限度管理。与权力利益矩阵的区别：兴趣影响力矩阵更强调"主观意愿"而非"客观权力"，适用于需要激发干系人主动参与的场景（如创新项目或社区项目）。

2. 不同影响力干系人的管理策略

高影响力干系人：对于高权力区域的干系人，如公司高层、主要外部客户，要重点管理。定期会议、一对一汇报，征求意见，将其期望作为决策依据。选择供应商时，按高层要求筛选，并定期汇报合作情况。

中影响力干系人：保持定期沟通，通过月度沟通会、进度报告反馈相关信息。认真对待其意见，合理评估。资源分配上，根据需求和实际情况给予支持。例如部门经理提出设备功能需求，采购人员协调资源尽量满足。

低影响力干系人：对基层员工、普通合作伙伴等，采用一般沟通方式，如定期简报、全员大会，传达基本信息，鼓励反馈。通过意见反馈收集基层员工对采购办公用品的意见，以便改进。

运用权力／利益矩阵评估干系人影响力，采取针对性管理策略，能协调各方力量，保障采购项目顺利推进。在实际项目管理中，应根据项目特点灵活运用，优化管理效果。

3.2.4 面对"不可能"任务，不要轻易承诺

干系人的需求与期望各异，有的干系人可能提出一些"不可能"的要求，尤其对于有高权力高影响力的项目发起人，这是采购人员常常遭遇的难题。比如，参与新产品开发或设备采购项目时，项目发起人常因各种因素，给出紧迫时限与有限预算，形成"不可能"任务。此时，采购人员切记不可轻易承诺，否则会给项目带来毁灭性风险。

面对困境，首先要深度评估项目。将采购任务从供应商寻源到验收逐一拆解，明确各环节顺序、依赖关系，精准计算资源需求，掌握资源峰值与谷值，全面了解项目实际需求与挑战，为决策打基础。

完成评估后，及时与项目发起人坦诚沟通。依据评估结果，详细说明时间和预算紧张可能导致的风险，如物资质量不达标致进度延误，或选择低质产品影响质量、增加成本等。

若发起人不接受调整建议，采购人员要指出风险的高可能性与严重后果，并阐述应对办法，如优化策略降本增效。可在不影响核心目标的情况下，调整采购范围，寻找替代方案，引入管理工具提效，与供应商协商有利条款。但要让发起人明白，即便如此，仍不能确保项目不超期、不超预算。同时，告知其风险应对计划和监控机制，达成项目推进共识。

总之，面对"不可能"任务，采购人员须谨慎，不轻易承诺，应深度评估、坦诚沟通、合理应对，降低风险，推动项目成功。

【案例】

服从还是坚守，两位老总不同结局

刚参加工作时，我在中国一汽的模具公司任职。那时，总部正筹备开发一款新的卡车，而模具的生产周期却成了新产品按时投产的关键制约因素。

由于模具生产进度严重滞后，影响了新卡车的预计投产时间。总部负责生产的副总裁心急如焚，向我们模具公司的总经理下达了死命令，要求在极短的时间内完成模具生产任务。

我们的总经理是技术出身，深知以当前的资源和技术条件，要在如此短的时间内完成几乎是不可能的。但总部的强硬要求让他备感压力，尽管内心觉得无法实现，最终还是勉强答应了下来，说道"我尽力吧"。

然而，现实并未如人所愿。到了约定的时间，模具未能按期完成。总部的生产计划原本是按照模具的交付时间来安排的，这一延误导致整个新卡车的生产计划无法按时推进，新产品开发计划也随之受阻。总经理因此遭到了总部的强烈批评。

经历了这次挫折后，公司进行了人事调整，换上了一位主管技术的副总对接总部项目。这位副总同样是技术出身，专业能力过硬，对模具生产的各个环节了如指掌。

当总部再次施压，要求在不合理的时间内完成模具生产任务时，他毫不退缩，坚决地回应："不可能，就是打死我也不可能在这个时间内完成！"总部见他态度坚决，也无可奈何，只能按照他提出的合理时间来安排生产计划。

虽然在一开始，他面临着来自总部的巨大压力，日子并不好过，但他凭借对技术的精准把握和对生产流程的合理规划，带领团队努力拼搏。最终，他成功地在自己承诺的时间内完成了模具生产任务。

总部按照新的时间安排生产，新卡车的开发计划得以顺利推进。这位副总也因为出色地完成了任务，不仅赢得了团队的尊重，还获得了总部的表扬。

【案例点评】

在模具生产与新卡车开发的案例中，两位老总的不同应对带来迥异结局。

前任总经理在面对总部不合理要求时，虽知无法完成却因压力勉强答应，结果未能按时交付模具，致生产计划受阻，自己也遭批评。这反映出盲目服从且不切实际承诺，会让项目陷入困境，损害自身及项目利益。

后任副总凭借专业能力，坚守原则，拒绝不合理要求，虽初期压力大，但依合理规划带领团队完成任务，获团队尊重与总部表扬。这表明基于专业判断的坚守，能避免陷入被动。

此案例警示我们，面对任务不能盲目顺从，要依据专业知识客观评估可行性。合理坚守原则，对项目成功及个人发展都至关重要，而轻易承诺却无力兑现，往往会带来负面后果。

3.3　制定章程，界定目标和范围

项目章程是由项目发起人发布的一份正式文件，它正式批准项目的启动，并为项目提供了总体的框架和方向，确定了项目的目标、范围、约束条件、预期成果和主要相关方等关键信息，是项目启动过程的核心文档。项目章程堪称项目的"基本法"与"指南针"（授权书）。它作为项目开展的根本依据，明确关键要素，为项目指明方向、确立目标，防止团队工作盲目无序。

项目章程的作用主要有四点：一是授权项目，标志着项目获正式批准，赋予项目经理调配资源的权力；二是统一认知，让各方对项目目标、范围、角色等理解一致，减少矛盾，促进协作；三是指明方向，为项目规划、执行、控制提供框架，确保工作围绕目标开展；四是助力沟通，作为核心文件，为相关方沟通协调提供依据，利于解决问题、推进项目。

理论上，每个项目都应有项目章程。但在实际工作中，很多小型项目可能没有书面章程，就像我们日常接受的采购任务，并没有一个书面的项目章程。但是，作为发起人，把任务交给你，就是授权给你，作为负责这项任务的采购，对项目目标、范围等关键要素也一定会心中有数，只是未形成规范文档，这也恰恰是本书要强调的，没有书面章程，但是心中要有章程的框架。

3.3.1　先定义问题，再定义项目

当领导把任务交给你，你就是项目经理。作为项目经理，首要任务是，你要和项目发起人和关键干系人一起定义项目。定义项目，就是明确目标、范围、时间进度，识别资源需求，确定可交付成果。这么做能统一各方认知，避免冲突，便于规划控制、调配资源，提前识别风险，为项目成功打下基础。

定义项目的前提则是精准定义问题，问题定义不清，会导致项目目标模糊、范围难定，可交付成果和成功标准不明，给项目埋下隐患。

那么，问题定义不清对项目有何影响？接下来，通过一个案例，直观展现精准定义问题的重要性。

【案例】

李明"不明"，为何"上系统"没效果

在阳光电子公司，采购部门一直面临着成本居高不下的难题。采购经理李明心急如焚，一心想要做出改变。

某天，李明偶然参加了一场行业研讨会，会上有专家提到了使用电子采购平台能显著降低采购成本。李明听后，如获至宝，心想这就是解决公司采购成本问题的"万能钥匙"。

回到公司后，李明没有做任何深入调研，就立刻向上级申请预算，购置了一套昂贵的电子采购平台。他满怀信心地向团队宣布："有了这个

平台，我们的采购成本肯定能降下来！"

新平台上线后，问题却接踵而至。员工们对新系统操作不熟悉，培训又不到位，原本一天能完成的采购流程，现在常常要拖到两三天。而且，由于平台的供应商资源有限，一些常用零部件的采购价格不但没有降低，反而因为供应渠道受限而略有上升。

同事王强提醒李明："李经理，我们好像没弄清楚成本高的真正原因就急着上系统了。我觉得可能是我们和现有供应商的谈判策略有问题，或者是对市场价格波动把握不准。"但李明却固执己见，坚信平台用久了肯定能发挥作用。

几个月过去了，采购成本不但没有下降，还因为效率低下和采购价格微涨，导致整体运营成本有所增加。公司领导对此十分不满，批评李明的决策过于草率。

这次无效改善的尝试让采购部门陷入了困境，也让李明深刻认识到，没有清晰定义问题、找到根源，就盲目采取解决方案，只会让情况变得更糟。

【案例点评】

李明在阳光电子公司的采购成本改善项目中，因未精准定义问题而失败，教训深刻。

李明面对采购成本高的状况，未深入探究根源，仅因专家提及电子采购平台能降成本，便盲目引入。新平台上线后，员工操作不熟、培训不足致效率降低，且因供应商资源有限、采购价格上涨，最终成本不降反升。

此案例凸显了精准定义问题对项目成功的关键意义。将问题转化为项目，须先精准识别问题，避免冲动行事。问题是，实际与预期的差距应具体、可量化、可追溯、可解决。"我不舒服"就不算是个问题，因为表述太过笼统，无法明确病因，也难以衡量其对工作的影响程度，而一个具体的问题应像"近一周我每天头痛，疼痛 5 ～ 6 级（10 级最痛），每次持续 2 ～ 3 小时，致使工作效率下降 30%，无法专注重要任务，可能是近期熬夜到凌晨 2 点所致"这般清晰呈现。

　　识别问题可通过收集数据、对比分析、关注异常、沟通交流、因果分析等方法。转化为项目时，要明确问题和目标、确定范围、规划时间、评估资源、识别风险与约束。

　　就像本案例，若李明先分析成本高是谈判策略、市场把握等问题，再针对性定义项目，或许结果不同。所有项目旨在解决问题，只有清晰定义问题，才能合理定义项目，确保项目成功，否则易像李明一样，使情况更糟，造成资源浪费和成本增加。

　　在清晰界定问题并定义项目后，科学设定项目目标便成为重中之重。项目目标是团队在特定时间与资源约束下的努力方向，如同灯塔指引团队前行。

　　设定项目目标具有多方面的重要意义。它能为团队指明方向，助力成员协同合作；能合理调配资源，防止资源浪费；能作为衡量项目进度和绩效的标尺，对工作成果进行评估。

　　那么，怎样科学地设定项目目标呢？其一，要做好需求分析，比如设备采购项目，须充分了解生产部门对设备的要求以及公司的期望；其二，与组织战略目标保持一致，围绕提升竞争力等战略来设定项目目标；其三，综合考量资源和限制因素，根据时间、资金、人力等资源以及技术、法规等的限制来确定目标。

　　同时，设定的目标必须符合 SMART 原则：具体的，明确目标内容；可衡量的，有可量化的标准；可达成的，目标在能力范围内；相关联的，与整体目标相关；有时限的，设定完成的时间节点。

3.3.2 界定项目范围

在项目管理中，项目目标与项目范围紧密相连、相互作用。项目目标是项目期望达成的最终成果，源于企业战略规划、市场调研及客户需求分析，为项目指明方向。项目范围则涵盖了为实现项目目标所需完成的全部工作，主要包括项目工作范围和产品范围，通过明确"包括什么"和"不包括什么"来清晰界定项目的边界，确保项目工作既无遗漏也不冗余。项目目标确定后，项目范围据此划定，同时项目范围的确定又会促使项目目标进一步细化调整。

然而，项目范围蔓延在实际项目中屡见不鲜。需求不明确、随意变更等因素，常导致项目工作不断增加。这不仅会使项目进度严重滞后，交付时间一拖再拖，成本大幅超支、突破预算，还会让项目成员工作目标模糊，工作效率低下。因此，精准界定项目范围意义重大，它能明确方向与目标，避免盲目工作，合理分配资源，减少资源浪费与短缺，有效控制风险，促进团队与干系人间的沟通协作，减少理解偏差。

📖【案例】

"没完没了"的管理改善项目

张伟是一家中型制造企业的采购负责人，为提升公司运营效率，领导安排他负责引入外部管理咨询公司，开展管理改善项目。由于公司业务流程烦琐、部门协作效率低，张伟期望通过这次项目实现全面优化。

在项目启动过程，张伟和管理咨询公司仅简单商定了"优化公司管理流程，提升整体运营效率"的宽泛目标，没有对项目范围进行详细界定，未明确哪些流程优先优化、优化到什么程度，也没梳理清楚各部门具体的参与边界。

项目推进初期，一切看似顺利。咨询公司通过访谈和调研，提出了一些基础的流程优化建议，如简化文件审批流程，这让张伟和部分部门领导看到了改善的希望。但随着项目深入，问题逐渐暴露。生产部门提出，新的审批流程虽简化，但与生产实际节奏不匹配，影响生产进度，要求咨询公司重新设计与生产相关的所有流程，包括从物料采购、库存管理到产品交付的全流程。销售部门也提出，客户关系管理系统效率低，严重影响业务拓展，希望咨询公司一并优化。

这些额外需求导致项目范围不断蔓延。原本只聚焦核心业务流程的项目，逐渐扩展到公司运营的各个角落。管理咨询公司按照新增需求不断投入人力和时间，项目成本大幅上升。张伟因缺乏明确的范围界定，难以拒绝这些要求，只能不断追加预算。

项目期限到了，却迟迟无法结项。公司领导对项目进度不满，质疑张伟的管理能力；各部门对改善效果也有怨言，认为很多问题仍未解决；管理咨询公司则因额外工作量增加，要求张伟支付更多费用，双方产生激烈争执。张伟陷入两难，既无法满足咨询公司的费用要求，又无法向公司交代项目的失败。

这次惨痛的经历让张伟深刻认识到，清晰界定项目范围是项目成功的基石，尤其是管理改善这类内容复杂的项目，否则很容易陷入失控的困境，给公司和自身带来巨大损失。

【案例点评】

在张伟负责的管理改善项目中，因忽视界定项目范围的关键要点，没有明确"做什么，不做什么"，致使项目失控，范围蔓延。项目初始未深入澄清需求，未将目标细化为可量化指标；工作边界模糊，未明确核心工作与排除项；面对新增需求轻率承诺，未依实际评估。若能组织需求研讨会，制定范围清单，基于实际谨慎承诺，或许就能避免范围蔓延，推动项目顺利进行。

项目经理与采购负责人在采购场景中避免范围蔓延可采取以下措施。

项目前期，与需求、技术等部门充分沟通，精准界定采购产品或服务，明确不采购部分，形成规范的工作说明书。建立严格的变更管理流程，对变更请求从多方面评估并严格审批，防止范围随意扩大。

加强跨部门协作，采购团队与各部门保持密切沟通，定期召开进度会议，避免信息不畅致范围盲目扩张。持续跟踪需求变化，分析新需求必要性，非关键需求与需求方协商排除。明确团队成员职责分工，防止重复或额外采购。确定采购范围、预算和时间基线，对比实际情况及时纠偏。

此外，区分产品范围和项目范围也至关重要。产品范围关注产品或服务的特征与功能，项目范围则是实现产品或服务所需完成的工作。清晰区分二者，有助于明确工作重点、有效管理控制、提升沟通效率、准确评估项目可行性与成本，保障项目顺利推进，达成预期目标。

3.3.3 明确可交付成果及成功标准

在项目管理中，清晰界定可交付成果与成功标准意义重大，能有效避免交付争议，助力项目顺利推进。

1. 确定可交付成果

可交付成果是项目团队为实现项目目标，须向客户或相关方提交的具体产品、服务或成果，具有明确、可衡量、可验收的特点，如建筑项目的完工建筑、软件开发项目的软件系统及文档等。在项目启动阶段，可通过以下方式明确可交付成果。

深入沟通需求：项目伊始，与管理层、员工等关键干系人充分交流，例如企业办公自动化系统开发时，了解各方期望与需求，为确定成果提供方向。

参考过往项目：查阅公司类似项目的资料，结合当前项目特点调整补充，防止遗漏关键交付项。

制定目标分解结构：将总体目标细化为子目标，对应具体可交付成果，例如办公自动化项目分解为软件开发、员工培训等。

详细罗列内容：基于上述步骤，详细列出所有可交付成果，例如办公自动化系统的软件、培训、操作手册等。

明确质量与验收标准：从多维度为成果设定标准并制定验收流程，例如规定办公自动化系统响应时间、数据准确率等。

确认与记录：将成果形成书面范围说明书，组织干系人确认签字，不合预期成果不可交付。

2.确立成功标准

成功标准是衡量项目是否达成目标、成果是否满足需求和期望的指标条件，如按时交付、成本控制、性能达标、满意度高等。

多维度设定指标：从时间、成本、质量、满意度等方面设定量化标准，例如办公自动化系统5个月内上线，成本控制在100万元内，满意度超80分，故障率每月不超5次。

平衡与优先级排序：考虑目标间的相互影响，明确优先级，例如质量和满意度有时优先于成本和时间。

沟通与共识达成：组织干系人参与标准制定，充分讨论协商，达成一致后作为验收依据。

清晰确定可交付成果和成功标准能避免争议，确保项目实现预期目标。下面来看一个因交付标准模糊而引发差评的案例。

【案例】

满心欢喜却等来差评，小丽冤不冤

小丽是 CPSW 公司的采购员。一日，领导口头交代她："采购一批质优价廉的办公桌椅和电脑，满足新办公室使用，尽快办好。"既无书面说明，行政、财务等关键干系人也未参与前期沟通。

小丽按自己理解开展采购。在办公桌椅方面，她认为质量好即材质坚固，便选了简约耐用的普通桌椅；可行政部门负责人觉得，质量好还应符合人体工程学，提升员工舒适度。在电脑采购上，小丽认为满足日常办公软件运行就行，采购了配置适中的电脑；但业务部门期望电脑能偶尔运行专业软件，如设计、数据分析软件等。

同时，小丽自认为一个月内完成采购就是"尽快"，没和财务沟通预算，也未明确质量检测标准。结果，采购设备总价超过财务预期，部分桌椅使用时轻微摇晃，电脑运行复杂程序反应迟缓，引发各方争议。

【案例点评】

小丽的采购经历深刻反映出明确交付标准在采购工作中的关键作用。

小丽因领导口头模糊交代，又未与关键干系人沟通，仅按个人理解采购，这致使她对各部门需求把握不准，如办公桌椅和电脑的采购不符合行政部门、业务部门期望。同时，时间、成本、质量等成功标准缺失，导致采购超预算且质量欠佳，引发内部矛盾。

事实上，小丽应组织多方会议，明确各部门对设备的具体需求，形成详细清单。在成功标准方面，合理规划时间，制定预算，建立严格验收流程。尽管小丽努力按时完成任务，却因前期沟通和标准制定的缺失，招来差评。这看似"冤"，实则是采购工作方法不当所致，凸显了规范采购流程的重要性。

3.3.4 项目章程样例

在实际的采购项目中，你可能发现，许多人并不会专门撰写项目章程。虽说没有形成书面文件，但一个清晰的章程思路，其实是不可或缺的。即便不落在纸上，章程涵盖的关键内容和核心要素在项目推进过程中也是客观存在的，影响着每一个决策与行动。它默默规范着采购流程、明确着各方职责，也为采购目标的达成提供指引。

为了帮助大家更好地理解并运用项目章程，接下来我将为大家提供一个实用的采购项目章程模板，让大家能够更直观地掌握其中要点，使得在今后的采购项目中，无论是将章程付诸纸面，还是仅在心中构建框架，都能做到游刃有余。

以下是一个新产品开发项目章程样例，供大家参考。

【样例】

智能健康手环开发项目章程

（1）项目基本信息。

项目名称：智能健康手环开发项目

项目编号：PD2024002

项目经理：李明，138××××8888，liming@company.com

（2）项目背景。

随着人们健康意识不断提高，对多功能健康监测设备的需求日益增长。然而，当前市场上的健康手环功能较为单一，无法满足用户全方位的健康监测需求。为了抢占市场份额，提升公司在智能健康设备领域的竞争力，公司决定开展智能健康手环开发项目。

（3）项目目标。

9个月内完成智能健康手环开发，具备精准心率、睡眠、运动监测及实时健康提醒功能。开发完成后，产品合格率达98%，开发成本控制在

500 万元以内，上市半年占据 15% 目标市场份额。

与 SMART 原则的对应关系如下。

具体的：明确开发智能健康手环，具备精准心率、睡眠、运动监测以及实时健康提醒功能，而非模糊的健康产品开发，清晰界定了工作内容和产品功能。

可衡量的：设定了 9 个月的开发周期、98% 以上的产品合格率、500 万元以内的开发成本以及上市半年内占据 15% 目标市场份额等量化指标。

可达成的：基于公司的技术实力、过往项目经验和市场分析，在合理调配资源的情况下，这些目标是切实可行的。

相关联的：目标紧密围绕公司抢占智能健康设备市场份额、提升竞争力的战略方向，与公司业务和市场需求高度相关。

有时限的：明确规定了 9 个月的开发时间、产品上市半年内占据目标市场份额等时间节点。

（4）项目范围。

工作内容：涵盖市场调研、产品设计、技术研发、样品制作、产品测试、小批量试生产。

交付成果：产品设计文档、技术规格说明书、合格的样品、试生产产品以及全面的测试报告。

除外责任：不包括产品大规模生产所需的设备采购与生产线建设。

（5）项目时间表。

（略）

（6）项目团队架构。

项目发起人提供资源、审批决策，项目经理统筹规划与协调，市场调研人员收集分析市场信息，设计人员负责产品外观和结构设计，研发人员开展技术研发，测试人员进行性能和质量测试。

（7）项目预算。

人力成本 200 万元，设备采购 100 万元，原材料采购 150 万元，调研费用 50 万元，预算总额 500 万元。

（8）约束条件与 PCTS 对应。

性能（P）：符合行业质量和安全标准，保障功能稳定可靠。

成本（C）：总成本控制在 500 万元内，严控费用支出。

时间（T）：9 个月内完成开发，各阶段设明确时间节点。

范围（S）：限于新产品开发至试生产，不涉及大规模生产相关工作。

（9）项目风险与应对。

技术风险（传感器技术不稳定）：与专业机构合作，提前测试优化。

市场风险（竞争对手推出类似功能的产品）：关注市场，突出产品差异化。

人员风险（核心技术人员离职）：建立人才储备库，提供优厚薪酬福利。

（10）项目干系人。

内部干系人有项目团队、公司高层、职能部门，外部干系人有客户和供应商，各方关注点不同。

（11）项目审批。

项目计划、重大变更、预算调整均须审批。项目经理提交计划，发起人 3 个工作日内审批；变更提出人申请，经理评估后发起人 5 个工作日内审批；财务申请预算调整，经理审核后发起人 5 个工作日内审批。

在此要特别说明一下，项目章程并非强制涵盖以上 11 项内容，但内容越完善，越能指导项目顺利开展。以下是对各部分内容必要性的分析。

常规核心内容：包括项目基本信息、背景、目标、范围、时间表、团队架构和预算，是项目章程的基础与核心。它们能帮助项目相关人员快速掌握项目概况，明确方向、任务、分工和资源安排，必不可少。

重要补充内容：假设条件与约束因素，有助于提前识别潜在限制与不确定性，让团队做好应对准备，降低风险和变更影响；项目风险与应对策略，可使项目团队和干系人清晰认识潜在问题，提前制定应对措施，增强项目抗风险能力；项目干系人分析，能帮助项目经理了解各方利益相关者，制定合适的沟通和管理策略，确保各方支持与配合。

视情况定内容：项目审批方面，如果项目规模大、涉及多方利益或须严格流程管控，明确审批要求和流程可保证项目决策科学规范；小型、简单项目，若审批流程简单明确，可在项目章程中简要提及或省略。

3.4 不要一个人战斗，组建项目团队

当领导将采购任务交给采购人，采购人便需要转型为项目经理，此时组建团队至关重要。这是一个为完成特定采购任务而设立的临时性团队，成员不一定要天天共事。

组建团队大有讲究，需要综合考量多种因素。其一，要围绕任务实现多元化构建。不同背景、专业的成员能带来多元视角和思路，利于解决采购中复杂多样的问题。其二，注重团队成员与任务的匹配度。依据采购任务的性质、需求，挑选具备相应技能、经验的成员，确保人岗适配，高效推进任务。其三，关注团队成员间的能力互补。例如谈判能力强的成员搭配擅长数据分析的成员，形成能力闭环，提升团队整体战斗力。

此外，团队成员来源不拘泥于内部，也可从外部引入专业人才。通过精心组建这样一个全方位适配任务的团队，而非独自奋战，才能更好地完成采购任务，达成项目目标。

作为采购项目经理，组建优秀采购团队完成采购任务，需要掌握以下三个关键点：构建多元化团队、注重成员能力互补、构建协同的项目团队。

3.4.1 构建多元化团队

在项目管理领域，单靠个人力量难以推动项目前行，组建团队是项目成功的关键。一个优秀的项目团队，首先要考虑团队成员多元化，多元化的成员构成能为项目团队带来丰富的思路、全面的考量和强大的创新活力。主要体现在以下三个方面。

1. 来源的多元化

团队成员需要来自不同的干系人，只有这样，项目推进时才能充分考虑各方需求，平衡不同群体的利益。以采购项目为例，团队成员来源多元化作用显著。使用部门的代表熟知实际需求，能确保采购物资契合业务标准；财务人员把控成本，避免预算超支；法务人员审核合同，保障采购合法合规。不同专业背景成员，在采购流程、质量把控、供应商管理等环节协同发力。性格、年龄各异的成员，也各展所长，年轻成员思维活跃，善于挖掘新供应商资源，经验丰富者凭借沉稳和经验，妥善处理复杂谈判与合作。

2. 专业的多元化

多元化的专业背景是项目创新和解决复杂问题的关键。当团队成员涵盖工程技术、数据分析、人力资源、风险管理等多个专业领域时，面对项目难题便能从多个角度分析解决。比如在大型电商平台的系统升级项目中，软件开发工程师负责技术层面的更新迭代，数据分析师通过挖掘数据为功能优化提供依据，人力资源专家合理调配人员保障项目人力需求，风险管理人员提前识别并应对可能出现的技术风险、市场风险等，各方协同配合，助力项目顺利完成。

3. 个性特征的多元化

团队成员的多元化还体现在个性特征方面，包括性别、年龄、性格等。不同性别的成员，因思维方式和生活体验的差异，会带来不同的思考角度；不同年龄段的成员，各自携带独特的时代烙印和知识储备，年轻人创新大胆，年长者沉稳有经验，彼此互补。性格开朗的成员善于沟通协调，性格严谨的成员在细节把控上表现出色。比如在文化创意项目中，多元的个性特征促使成员相互启发，碰撞出更多创意火花。

【案例】

传统企业的数字化采购转型之路

恒兴制造公司作为行业老牌企业，长期依赖传统采购流程。但随着业务拓展，烦琐的流程、低下的效率与高昂的成本如同绳索，束缚着企业前行。为此，公司决定启动采购数字化管理改善项目。

起初，项目团队仅由采购部门资深员工组成。他们虽深谙采购业务，却因思维惯性，思想观念有些固化。根据领导的要求和审计的建议，推出在既有流程上增添一些审批环节的方案，以便管控成本。结果，成本不但没降，采购周期反而变得更长了。各个部门都开始吐槽，这方案简直是"帮倒忙"。

公司管理层果断重组团队，打造多元化"梦之队"阵容。

财务主管刘姐凭借其深厚的成本分析与预算管控经验，深入剖析采购数据，揪出成本监控缺失这一症结——导致高价采购的幕后黑手。她提议在数字化系统中植入成本预警功能，一旦采购价格越界，系统即刻提醒，以便及时调整策略。

年轻的技术工程师小李，凭借计算机专业优势，引入先进数字化采购平台。该平台运用大数据解析市场价格走势，为采购决策提供精准依据。他开发的智能匹配算法，能从海量供应商中迅速遴选出最优合作伙伴，大幅提升采购效率。

市场部张姐，性格开朗、沟通能力很强。她洞察到采购部门与供应商间因沟通不畅，常导致交货延迟。于是借助数字化平台搭建实时沟通渠道，确保信息对称，及时化解问题。

还有经验丰富的赵师傅，在公司待了大半辈子，对各个环节都门儿清。他就像个"活字典"，给数字化系统的设计提了好多实用建议，让新系统完美贴合公司的实际业务，不会"中看不中用"。

在团队共同努力下，新方案落地生效。采购周期缩短40%，成本降低15%，流程透明高效，各部门满意度大幅提升。恒兴制造公司借此成功蜕变，在激烈的市场竞争中重焕生机。

【案例点评】

恒兴制造公司的数字化采购转型堪称企业变革的典型案例。起初，依赖传统采购流程的恒兴制造公司，在转型初期因团队成员单一、思维局限，仅增加审批环节，不仅未降成本，还拉长了采购周期，遭各部门诟病。

而后，管理层果断组建多元团队，财务主管精准定位成本问题并设预警，技术工程师引入先进平台提高效率，市场部人员搭建沟通桥梁，老员工凭借经验提供实用建议。

最终，新方案成效显著，采购周期缩短，成本降低，流程透明高效。此案例表明，数字化转型须打破常规，发挥多元团队专业优势，方能精准解决问题，推动企业在竞争中脱颖而出，成功实现转型。

3.4.2　注重成员能力互补

在项目管理中，单靠个人力量无法实现成功，团队协作才是核心。

这就要求项目经理重视成员来源多元化，更要关注成员之间的能力互补，并且要确保成员能力与任务要求相匹配，这是团队高效运作、发挥最大价值的关键。主要可从以下三个关键方面着手。

1. 精准匹配个人能力与任务

让合适的人做合适的事，是项目成功的基础。在采购项目里，供应商谈判环节至关重要，谈判成员要能说会道、策略老到，还得对市场风向了如指掌，这样才能在谈判桌上占据主动，为项目争取到价格优惠、条款宽松的合作条件。而数据分析能力强的成员，在处理市场调研数据、核算采购成本时，就能凭借专业技能，从数据中提炼关键信息，为采购决策提供科学依据，让每一步决策都有理有据，保障项目各环节稳步推进。

2. 构建团队成员能力互补格局

团队是一个有机整体，成员在专业技能、思维方式、工作阅历等方面各有所长，彼此互补才能释放最大能量。以采购项目为例，擅长数据分析的成员，能从繁杂的数据中找到规律和趋势，为采购时机、采购量的决策提供精准数据支持；那些"社交达人"成员，凭借出色的人际交往能力，与供应商建立长期稳定的合作关系，保障物资供应不断链；经验丰富的风险防控成员，能凭借敏锐直觉和过往经验，提前察觉潜在风险，比如市场价格大幅波动、供应商信用危机等，并迅速制订应对方案，将风险化解于无形。成员间相互配合、优势互补，可以凝聚成强大的团队合力，让项目执行又快又好。

3. 保障成员获得部门充分授权

项目团队成员拥有所在部门的充分授权，是团队协作的重要保障。

只有被充分授权，成员才能真正代表部门在团队中发表意见、行使职责。现实中，若成员授权不足，就会处处受限，决策执行都可能被轻易推翻。比如在采购项目里，负责审批的成员若审批权限不够，面对紧急采购需求时，还得层层请示汇报，烦琐流程会严重拖慢项目进度。给予成员充分授权，能打破内部协作壁垒，让成员在岗位上大展拳脚，全力推动项目顺利开展。

3.4.3　构建协同的项目团队

一个卓越的团队是项目成功的关键，而这样的团队需要实现协同，才能发挥最大价值。此前已提及，团队成员应多元化，具备不同专业背景与经验，实现能力互补，精准匹配项目需求。

要达成协同，离不开"三个一致"。信息一致，是指项目信息在团队中及时、准确且全面地传递，让每位成员都能依据最新信息开展工作，避免因信息滞后或偏差导致的决策失误；认知一致，要求团队成员对项目目标、任务优先级、工作流程等形成统一认知，心往一处想，劲往一处使；信任一致，则是成员彼此信赖，相信合作伙伴的专业能力与责任心，在面对复杂问题和突发状况时，能够相互信任、相互依靠、协同作战。

接下来，我们将深入探讨如何从信息、认知、信任层面，构建高度协同的项目团队，为项目成功奠定坚实基础。

1. 信息一致：构建透明高效的信息桥梁

项目从启动到收尾，及时且全面的信息共享是基石。项目各环节紧密相连，任一环节的信息滞后或偏差都可能引发决策失误。例如在采购项目中，市场价格波动、供应商供货能力变化等信息若不能及时传递给所有相关成员，负责采购决策的人员就可能因信息不全而高价采购或选择了供货不稳定的供应商，导致项目成本增加、进度延误。因此，须建立高效的信息共享机制，通过定期召开项目会议、运用项目管理软件实时更新信息等方式，确保从项目进度、成本支出到技术难题、风险预警等各类信息，团队成员都能同步获取，使每个决策都基于准确、完整的信息，保障项目顺利推进。

2. 认知一致：凝聚团队共识，锚定项目方向

这要求项目经理充分发挥沟通协调能力，统一团队成员对项目的理解与认知。一方面，成员对项目目标、任务、流程等的理解应达成一致。比如在项目初期，通过详细的项目说明会、一对一沟通等方式，确保每个成员都清楚项目要达成的成果、自己的职责所在。另一方面，要将团队认知与公司整体战略目标、项目目标对齐。在采购项目中，团队不仅要明白采购任务本身，更要理解该项采购如何契合公司业务拓展、成本控制等战略规划，避免成员各自为战，使大家心往一处想、劲往一处使，形成强大的合力。

3. 信任一致：培育信任土壤，激发团队效能

团队成员间的彼此信任是高效协作的润滑剂。若成员间相互猜忌、缺乏信任，在面对问题时会互相推诿，难以协同作战。比如在采购项目里，负责质量把控的成员若不信任负责成本控制的成员，可能过度追求质量而忽视成本，反之亦然。项目经理要营造信任氛围，鼓励成员分享经验、互相支持，及时解决成员间的矛盾与误解。同时，通过合理分配任务、公正评价绩效等方式，让成员感受到公平公正，从而建立起相互信任的关系，使团队在面对困难时能够紧密团结，为实现项目目标全力以赴。

3.5　用 RACI 矩阵，明确团队职责

在项目管理中，明确项目目标、制定项目章程是基础。组建团队则是实现目标的关键动作，通过合理分工，让成员各司其职，充分发挥潜力，进而凝聚起强大的团队合力，推动项目从规划迈向落地。

如何科学分工呢？这里要用到强大的工具——RACI 矩阵。RACI 矩阵能清晰界定团队成员的责任，明确谁负责执行、谁负责决策、谁提供支持、谁只需知晓进展。它能让项目任务分配一目了然，避免因职责不清导致效率低下。

借助 RACI 矩阵，能让团队成员迅速明晰自己在项目中的定位，快速上手开展工作。接下来，我们就深入了解 RACI 矩阵，掌握利用它精准分工的方法，助力项目高效推进。

3.5.1　精准切割与识别任务

项目经理在运用 RACI 矩阵明确团队职责时，精准切割与识别任务是关键前提。不少领导通常缺乏将整体任务有效分解的能力，难以洞察核心任务与关键活动，而项目经理须规避这一问题，凭借专业知识与丰富经验，依据项目目标和范围对复杂任务进行精细裁切，从而准确锚定对项目推进至关重要的任务和活动，为后续资源合理分配与工作有序安排筑牢根基。在这一过程中，科学合理的任务分解尤为重要，要想达成精准有效的任务分解，就需要遵循一定的方法与原则，接下来将从分解逻辑清晰、把握关键环节以及结合资源状况这几个方面，深入探讨如何更好地进行任务分解。

1.分解逻辑清晰

从流程角度，梳理设备采购全流程，按步骤细分任务。比如采购一

批生产设备，可先划分规划选型期、采购执行期、交付验收期。在规划选型期，细分为设备需求调研、市场设备信息收集、制定选型标准等任务；采购执行期可分为供应商寻找与筛选、商务谈判、合同签订等；交付验收期则包括设备运输跟踪、到货验收、安装调试等。

按时间维度，将采购周期分段，比如计划三个月完成采购，第一个月完成需求调研和供应商筛选，第二个月进行谈判与合同签订，第三个月负责设备交付验收。每个月的任务再细化，如第一个月第一周完成内部各部门设备需求收集，第二周开展市场调研等。

从功能模块出发，若采购的是一套复杂的自动化生产设备，按功能分为核心生产模块采购、辅助动力供应模块采购、控制系统模块采购等。各模块再细分，如核心生产模块按不同生产工序所需设备进一步拆解任务。

2. 把握关键环节

分析进度影响，确定影响采购交付时间的关键任务。例如采购定制化的高精度检测设备，设备生产周期长，供应商的生产进度是关键，而合同审批流程相对影响较小。确保关键任务的资源投入，及时与供应商沟通生产进度，防止交付延期。

考量质量关联，明确影响设备质量的核心环节。例如采购医疗设备，设备的核心部件制造工艺和质量检测环节至关重要，直接影响设备的性能和安全性，要严格把控这些环节的质量。

评估成本关联，找出影响采购成本的重要任务。例如采购大型服务器设备，设备本身的价格、运输费用以及后期维护成本是关键，可以通过多轮谈判、优化运输方案等降低成本。

3. 结合资源状况

匹配人力资源，根据团队成员的技能与经验分配任务。例如让熟悉设备技术参数的成员负责需求调研和选型工作，擅长商务谈判的成员负责与供应商洽谈，确保人尽其才，同时合理安排工作量。

适配物力资源，依据运输车辆、仓库存储等条件安排任务。若仓库空间有限，在安排设备到货时间时要考虑存储问题，避免设备无处存放。

契合时间资源，根据采购总工期和各任务合理分配时长。例如紧急采购设备，关键的供应商筛选和合同签订任务要优先安排，同时预留一定时间应对可能出现的运输延误等突发情况。

3.5.2 知人善任，用 RACI 矩阵分配任务

在项目管理过程中，部分领导分配工作任务时，未能充分考量团队成员的专长，导致人力资源浪费。身为项目经理，在分配任务前，必须全面了解团队成员的专业技能、优势与短板以及工作风格，将任务与成员特点精准匹配，做到用人所长，充分激发团队成员的工作积极性和创造力，从而提升团队整体效能。

RACI 矩阵是实现这一目标的有力工具，它能确保每个项目成员都清晰了解自身角色和职责。领导分配任务时，若忽略明确成员角色，极易导致职责不清。而项目经理严格依照 RACI 矩阵，能清晰界定每个团队成员在各项任务中的角色，即负责（R）、批准（A）、咨询（C）和知情（I），让成员对自身职责一目了然，能有效杜绝工作中的推诿和混乱现象，提高项目执行的效率和成功率。

RACI 矩阵是项目管理的重要工具，用于明确团队成员在各项任务中的角色和责任。具体如下。

负责（Responsible，R），即"执行者"，对任务执行负直接责任，须具体操作并执行 A 布置的任务。若任务需要多部门或人员配合，要向 R 明确配合部门、各部门工作内容及标准。

批准（Accountable，A），即"最终责任人"，对任务的成败负责，拥

有做决策权和批准权，是整体结果的负责人。A 负责布置任务和目标给 R，并对 R 所承担目标的完成情况进行全面评价，以此来判定任务是否达到预期效果。

咨询（Consulted，C），即"被咨询者"，在任务执行前或过程中，R 需要向其咨询意见、获取专业知识和信息，他们的意见对任务的推进有重要影响。

知情（Informed，I），即"被通知者"或"知情者"，在任务执行过程中或出现重要信息时，需要及时被告知相关情况。

运用 RACI 矩阵分配任务时，项目经理要先清晰梳理出围绕项目整体目标的具体任务，再在矩阵左侧完整列出所有参与项目的成员的姓名。接着，依据成员的技能、经验及其实际工作可用性，为每个任务精准匹配 RACI 角色，并在矩阵中用符号或不同颜色明确标注出每个任务对应的成员角色，以增强可视化效果。完成标注后，须将 RACI 矩阵向团队成员公示并深入沟通，确保成员清楚自身角色和职责，同时积极收集反馈，确认成员对任务分配的理解与接受程度。

在项目初期就应建立 RACI 矩阵，使所有成员明确自身角色和责任。在实际应用中，项目经理可根据项目具体情况、团队成员的能力及经验灵活分配 RACI 角色。随着项目推进和情况变化，及时对 RACI 角色进行调整优化。RACI 矩阵不仅能明确团队成员责任，避免职责不清、重叠或模糊，还能作为项目沟通计划的重要部分，助力信息在团队内部及时、准确传递，确保项目高效、有序开展。

3.5.3 RACI 矩阵在采购工作中的应用

在项目管理领域，RACI 矩阵作为一种能够明晰责任、显著提升效率的有力工具，被广泛应用于各类项目之中。接下来，我们将通过设备采购项目以及新产品开发项目中采购代表的职责定位这两个实战案例，深入探究 RACI 矩阵在采购项目中的具体应用。

1. 设备采购项目中的 RACI 应用

在设备采购项目里，通过合理运用 RACI 矩阵来科学分配责任与任务，是确保项目顺利推进的关键所在。

（1）设备需求分析：技术部门凭借其专业知识，在这一环节中担当"负责"（R）的角色，深入分析公司的生产需求，精准明确所需设备的规格和功能。项目经理则承担"批准"（A）的角色，对技术部门的需求分析进行严格审核，以确保其与公司的整体战略相契合。生产部门作为"咨询"（C）方，积极反馈当前生产流程和设备的使用情况，为技术部门精准定位需求提供助力。财务和采购部门则处于"知情"（I）状态，以便为后续的预算规划与采购准备工作做好铺垫。

（2）设备选型和供应商选择：采购部门在这一阶段"负责"（R）寻找合适的设备与供应商，并进行初步评估。项目经理则对最终的选型和供应商决策进行"批准"（A）。技术部门作为"咨询"（C）方，提供专业的技术支持，保证选型符合相关技术规范。财务和生产部门为"知情"（I）方，以便后续开展预算审核与生产准备工作。

（3）采购合同签订：采购部门"负责"（R）与供应商进行谈判并起草合同。法务部门则"批准"（A）合同，对合同条款进行仔细审核，以保障公司的合法利益。财务部门作为"咨询"（C）方，就预算和支付方式等方面提供专业建议。项目经理、技术和生产部门"知情"（I），为后续的工作提前做好准备。

（4）设备到货验收及安装调试：技术和生产部门共同"负责"（R），分别进行设备的到货验收与安装调试工作。项目经理"批准"（A）整个过程，监督确保设备验收及安装调试顺利进行。采购部门作为"咨询"（C），协助沟通解决可能出现的问题。财务部门为"知情"（I）方，为后续的付款和成本核算提供依据。

2. 新产品开发项目中采购代表基于 RACI 的职责定位

在 IPD（集成产品开发）项目中，采购代表是采购部门派驻项目组的关键人员，其职责的清晰界定对于项目的成功至关重要。若职责不清，将难以在新产品开发中充分发挥作用。

采购代表的角色与定位是采购部门与项目组之间沟通的桥梁，他们运用专业的采购知识，巧妙平衡成本、质量、交付等要素，保障项目物资和服务采购工作的顺利进行，维护公司的采购利益，促进双方的高效协同。

采购代表基于 RACI 的职责如下。

负责（R）：依据项目需求制定全面的采购策略与计划，明确关键采购要素；积极开展供应商的开发、筛选与管理工作；主导合同的洽谈、起草与签订；紧密跟进采购订单，及时处理物流交付过程中出现的问题。

批准（A）：全面把控采购成本，通过深入的市场调研和有效的谈判实现成本优化；严格管控采购物资和服务的质量，建立完善的监督检验机制；精心维护与供应商的良好关系，确保物资供应的稳定。对项目的最终结果承担主要责任。

咨询（C）：为项目团队提供专业的采购市场分析，包括价格趋势、供应状况等信息；为技术研发团队在评估供应商时提供专业的建议和指导。

知情（I）：及时接收项目团队的设计变更、需求调整等信息；从财务部门获取准确的预算和成本控制要求；接收质量部门反馈的质量问题；获取高层管理的战略调整信息，确保采购工作与公司的整体战略保持一致。

通过以上设备采购项目和新产品开发项目中采购代表的职责定位可以看出，RACI矩阵能够清晰地界定采购人员在设备采购和新产品开发项目中各环节的责任，有效提高项目的执行效率和质量，为项目的成功实施提供有力的支持。

3.6　案例研究：不怕要求高，就怕不清楚

在繁华的科技园区，新创立的星耀科技公司正全力筹备一款具有创新性的智能硬件产品。这款产品融合了前沿的传感器技术与智能算法，有望在市场上掀起一阵热潮。而生产这款产品的关键，是一台高精度的芯片封装设备。

公司委派采购经验丰富的张伟负责此次设备采购项目。张伟心想，采购设备不过是按流程走，选定供应商、下单、收货，应该没什么大问题。

项目启动时，张伟仅从研发部门那里得到一个模糊的需求描述："要一台能高精度封装芯片的设备，速度要快，能满足我们未来两年的生产需求。"至于具体的精度数值、生产速度指标以及设备应具备的特殊功能，都没有明确说明。

在确定项目范围时，张伟也没有与相关部门进行深入探讨。他以为只要买到设备，后续的安装、调试、培训等工作都可以顺理成章地解决。对于设备是否需要与现有的生产线进行无缝对接，以及是否要满足未来可能的技术升级需求，都没有纳入考虑范围。

在与主要干系人的沟通上，张伟做得也远远不够。研发部门作为设备的直接使用者，对设备的技术细节有着极高的要求，但张伟只是简单地询问了一次需求，之后便很少与他们交流。生产部门，作为设备的后续运营者，关心设备的操作便捷性和维护成本，张伟却几乎没有与他们

沟通过。至于公司的高层领导，他们关注项目的成本和进度，张伟也未及时向他们汇报项目的进展情况。

项目进行过程中，张伟没有设置关键里程碑。他觉得设备采购就是等待供应商发货，没必要搞得那么复杂。所以，从与供应商签订合同到设备到货，中间没有任何关键节点的把控和跟踪。

经过漫长的等待，供应商终于将设备送达。然而，当研发人员和生产人员看到设备时，却都"傻眼"了。设备的精度只能达到普通芯片的封装要求，远远无法满足新产品高精度芯片的封装要求。而且，设备的操作界面复杂，生产部门的工人根本无法快速上手。更糟糕的是，设备的尺寸与现有的生产线不匹配，无法进行无缝对接。

在验收环节，设备被判定为不合格。星耀科技公司陷入了两难的境地：如果拒绝验收，项目进度将严重滞后，之前投入的时间和资金都将白费；如果勉强接受，产品的质量和生产效率将无法保证，公司的市场竞争力也将大打折扣。

张伟此时才意识到，自己在项目启动过程犯下了多么严重的错误。由于目标不清晰、范围不明确、交付成果不清楚，以及与主要干系人沟通不到位、关键里程碑缺失，导致了这个看似简单的设备采购项目彻底失败。

【知识回顾与思考】

本章主要围绕项目启动阶段的关键环节展开，包括识别干系人、制定章程、组建团队以及运用 RACI 矩阵分配责任任务。

在星耀科技公司的案例中，张伟在项目启动时严重忽视了这些要点。他未全面识别干系人，仅简单询问了研发部门的需求，对生产部门和高层领导关注的操作便捷性、维护成本以及成本和进度等未有效沟通，导致各方诉求未满足。没有制定完善章程，项目的目标、范围模糊，如设备精度、生产速度指标及与生产线对接等关键内容缺失。团队组建虽未过多提及，但从整体执行看，缺乏有效协同。责任任务分配不明确，若运用 RACI 矩阵，或许能清晰界定各部门在设备采购不同环节的角色，避免混乱。

思考一下，实际项目中该如何精准识别干系人并管理其期望？怎样制定全面且清晰的章程？如何合理运用 RACI 矩阵让责任落实到位，避免类似张伟的失误呢？

第 4 章

规划：制订计划，确保可行

在前面的章节中，我们搭建起项目管理知识体系，探索了成为优秀项目经理的路径，也深入了解了项目启动过程组。如今，我们来到项目管理的关键环节——规划过程组。

如果把项目比作一场旅程，规划过程就是绘制路线图。它的主要任务是制订计划，确保项目可行。从资源分配到进度安排，从风险管理到成本预算，每个细节都需要精心考量。

好的规划是项目成功的基石，能帮我们预见潜在挑战，提前布局应对策略。接下来，让我们一同深入规划过程组，剖析如何制订出全面、精准且切实可行的项目计划，为后续项目执行筑牢根基。

4.1   先动脑，再动手

在工作中，"先动脑，再动手"是我极为推崇的理念，它精准地诠释了规划的重要性。著名管理学大师史蒂芬·柯维提出的"两次创造"理论指出，任何事物的实现，都要先在头脑中构思谋划，形成清晰的思路，而后在实践中付诸行动，将构想变为现实。

这一理论与规划的意义不谋而合。规划如同建造大厦前绘制的蓝图，决定着大厦的结构、功能和外观，是项目成功推进的根基；又好似旅行前制定的详细攻略，只有周全规划目的地、行程、交通、食宿等，才能让旅行顺畅舒适。

从项目管理的角度来看，规划过程始于项目启动过程顺利完成并获批。此时，项目团队正式接收项目章程、干系人登记册等启动过程的输出成果。这些成果为规划过程提供了基础信息、方向指引和约束条件，是开展后续全面规划工作的重要依据。

规划过程的核心任务是进行全面且深入的思考与谋划。项目团队要以启动过程的成果为基础，围绕目标设定、资源分配、风险评估和策略制定等关键环节，展开全方位规划，始终坚持"以终为始"的原则，从项目开始就明确最终目标，让所有行动和决策都围绕这一目标展开，避免方向偏差，确保资源高效利用。

在规划过程中，有三项关键任务：一是编写工作说明书（SOW），清晰界定项目的工作范围、目标、交付成果等；二是构建工作分解结构（WBS），将项目工作细化为便于管理的部分；三是制订各类计划，包括进度、成本、风险、沟通等多个方面。当详细的项目管理计划及各项子计划全部制订完成，并通过项目干系人的评审和批准后，规划过程圆满结束，项目进入执行阶段。

规划过程的输出成果丰富多样，主要成果如下。

- 项目管理计划：对项目的整体规划和管理安排。
- 工作分解结构：将项目工作细化分解的结构。
- 风险管理计划：针对项目风险的识别、评估和应对计划。

此外，还包括详细的需求规格说明书、进度计划、成本预算、沟通管理计划等。这些成果是规划过程的结晶，承接了启动过程的成果，进一步细化和完善了各项计划与文档，为项目的执行筑牢了根基，引领项目朝着成功的目标稳步迈进。

4.2　学会设立里程碑

里程碑，作为项目中的关键时间节点或标志性事件，明确了特定阶段的重大可交付成果。它清晰划分项目生命周期，勾勒出项目进展的关键阶段，如同道路标识牌，直观显示项目的位置与方向。

设立里程碑意义重大。在进度控制上，可将项目化整为零，便于监控和纠偏；在质量保障上，能关联成果与标准，及时发现质量问题；在沟通协调中，为各方提供统一参照指标，促进协作；在风险管理方面，有助于识别风险区域，提前应对。

科学设立里程碑，需要做到三点：精准识别关键节点，合理划分项目阶段；赋予里程碑可衡量指标，以便准确评价；充分沟通，满足干系人期望，让里程碑既契合各方需求，又具灵活性。这三点聚焦规划过程中设立里程碑的关键，为项目推进筑牢基础。

4.2.1　三个标准，科学设置里程碑

项目很大，时间很长，就必须识别关键节点进行过程控制，通过过程控制确保项目进度和质量，这些关键点就是里程碑。这些关键节点就

像项目的"转折点",决定着资源的投入节奏、项目的推进方向等,深刻塑造着项目发展轨迹。从复杂采购流程里,准确找出对项目成败起决定作用的关键节点,是构建有效里程碑体系的基础。设置的标准有三个,合理的数量、科学的跨度、可度量性。

(1)合理把控数量:关键里程碑的数量须精心规划。数量过多会分散项目团队的精力,难以聚焦核心任务。一般来说,小型项目设置 3~5 个较为合适,比如简单的营销活动策划项目,可围绕市场调研、方案敲定、活动执行和效果评估来设定。中型项目建议设置 5~10 个,比如企业内部管理系统开发项目,涵盖需求分析、设计、开发、测试、上线等关键阶段。大型复杂项目可能需要 10 个以上,比如大型城市轨道交通建设项目,涉及规划设计、站点施工等众多关键环节。

(2)科学规划跨度:合理安排里程碑的时间跨度至关重要。时间间隔过长,项目进度易失控,难以进行实时监控与调整;时间间隔过短,则可能在任务未完成时就进行检查,影响检查效果。对于短期项目(3 个月内),每隔 2~4 周设置一个里程碑较为适宜,比如 2 个月的 app 界面设计项目,可每 2 周检查一次设计成果。对于中期项目(3 个月至 1 年),可每月或每季度设置一个里程碑,比如半年的产品研发项目,在关键阶段的月末或季度末进行检查。对于长期项目(超过 1 年),除按时间(如季度)设置里程碑外,还应依据关键节点设置特殊里程碑,比如 2 年的大型建筑项目,在按季度检查进度的同时,设置基础工程完工等标志性节点。

(3)确保可度量性:里程碑必须具备明确的可度量性。在特定的时间节点,依据清晰的标准,对项目的进度、成果以及资源利用情况等进行有效评估。明确的时间界限和可量化的验收标准,是确保里程碑发挥作用的关键,可以帮助项目团队精准把握项目的进展情况。

换一个角度,界定里程碑关键节点的依据是重大事件、重要时间、重大交付。

（1）基于项目阶段的重大事件：依据项目的自然阶段划分以及其中具有重大意义的事件来确定里程碑。系统开发项目通常可分为需求分析设计、开发、测试、上线等阶段，每个阶段结束时的标志性成果或事件，均可作为重要的里程碑节点。例如在软件开发项目中，需求分析完成、代码开发完成、测试通过等都是关键节点。

（2）基于时间期限的重要节点：根据项目的整体时间计划和关键期限来设定里程碑。时间是项目管理中的关键要素，特定的时间点或时间段所对应的项目状态可以设为关键节点。例如在建筑项目中，可设定开工后第 3 个月完成基础工程、第 6 个月实现主体结构封顶等关键节点。

（3）基于交付成果的关键成果：以项目的最终交付成果为导向，将项目过程中对后续工作具有重大影响且有明确验收标准的关键成果确定为里程碑。明确的交付成果有助于准确衡量项目的进展和质量，确保项目按计划稳步推进。例如在新产品研发项目中，产品原型制作完成、小批量试生产成功、获得相关认证等，都是代表项目在不同阶段关键成果的重要里程碑。

4.2.2　三个维度，赋予里程碑可衡量性

里程碑，也是检查点。只有为每个里程碑设定清晰、可量化的指标与验收标准，才能准确判断项目是否达成阶段性目标，进而确保项目按计划有序推进，最终达成项目目标。

以原材料采购为例，若仅将"原材料到货"设为里程碑，缺乏明确衡量标准，难以有效监控。而明确"×年×月×日，特定规格与质量标准的原材料，按采购合同数量 100% 到货并完成初步检验"，通过时间、质量、数量等关键指标，能为项目监督与评估提供清晰依据，便于客观判断里程碑是否达成。

为使里程碑具备可衡量性，可从时间、成果、资源三个维度进行判断与把控。

1.时间维度

明确的时间规划是衡量项目进度的基础。为每个里程碑设定精确的起止时间，如产品测试阶段从 3 月 15 日开始，至 4 月 10 日结束，时间一到，即可直观判断任务是否完成。同时，根据项目特性与过往经验，设定合理的时间偏差范围，如 ±2 天，在此偏差区间内视为进度正常，确保项目具有一定灵活性。

在检查时，一方面要对比实际进度与计划时间，及时分析偏差大小及原因，评估对后续项目的影响；另一方面，通过分析前期进度数据，绘制进度曲线，以判断项目整体进度趋势，预测后续里程碑完成情况。

2.成果维度

成果是项目的核心产出，明确成果标准至关重要。一方面要保证成果的完整性，明确每个里程碑对应的交付成果内容。比如网站开发项目中，某个里程碑要求完成用户注册、登录等功能模块，需逐一检查是否全部实现。另一方面，制定严格的成果质量标准，比如代码准确率达 95% 以上，设计稿符合品牌规范等，并借助专业工具和方法进行检测。

检查成果时，依据项目需求文档和设计规范，开展功能完整性检查，排查是否存在功能缺失。同时，运用专业检测手段，对成果进行质量检测，确保符合质量要求。

3.资源维度

资源是项目实施的保障，合理规划与监控资源至关重要。要记录完成里程碑所需的人力、物力、财力等资源投入，比如某阶段投入 5 名开发人员、3 台服务器等，对比实际与计划的资源投入，判断资源分配是否合理。同时，计算资源使用效率，如工时利用率、设备使用率等，若工时利用率低于 80%，可能存在资源浪费或进度问题。

在检查资源时，对比实际与计划投入的资源清单，检查是否存在资源短缺或过剩，分析对项目进度和成果的影响。通过计算资源利用率等指标，评估资源使用效率，确保资源得到充分合理利用。

4.2.3 三个方法，满足干系人期望

在采购项目中，干系人构成复杂，包含需求部门、采购部门、发起人等。由于各方立场和关注点不同，期望也大相径庭，这给合理设定里程碑带来了巨大挑战。

在时间规划上，需求部门为推动业务发展，急需物资尽快到位；采购部门从工作安排出发，期望更宽松的工期；发起人则是站在战略高度，设定关键时间节点。在质量把控方面，需求部门追求高品质，采购部门希望能兼顾成本。在进行资源分配时，需求部门渴望物资充足，采购方意图控制投入，发起人则密切关注投资回报率。

由此可见，充分考量各干系人的期望和要求，是设置里程碑、确保采购项目顺利推进的关键。作为采购项目经理，须促使项目发起人与需求部门等关键干系人就里程碑达成一致，具体可从以下三个方法着力。

1. 深度沟通，精准锚定需求

主动出击，与项目发起人和需求部门开展多轮深度交流。与发起人沟通时，聚焦项目战略目标、预期收益以及成本和时间的整体规划，明确项目在公司战略版图中的定位与要求。和需求部门交流时，细致询问物资或服务的交付时间紧迫性、质量标准细节、技术规格等。借助问卷调查、一对一访谈、小组讨论等多元形式，广泛收集两方意见，并将其

转化为具体、可衡量、可执行的需求。比如梳理出发起人期望项目在 ×
个月内完成，总成本控制在 × 元以内；需求部门要求物资在特定日期前
交付，且质量达到行业某标准。

2. 协同共创，构建里程碑规划

邀请项目发起人和需求部门共同参与里程碑的设计。组织联合研讨
会，围绕时间节点、交付成果、验收标准等核心要素展开充分研讨。时
间节点结合项目整体进度与需求部门的急迫程度确定；交付成果依据需
求部门实际需求和发起人的战略目标进行明确；验收标准参考行业规范、
需求部门使用要求及发起人的质量期望制定。讨论中充分权衡各方利益，
深入探讨分歧，寻求共赢方案，并达成共识。

3. 持续反馈，灵活动态调整

建立常态化反馈机制，定期召开项目进度沟通会。向项目发起人和
需求部门通报里程碑完成进度，悉心收集意见和建议。一旦市场环境生
变、业务需求调整或遭遇不可抗力，及时评估对里程碑的影响。比如原
材料供应短缺导致采购周期延长，项目经理须与两方协商，重新评估交
付时间和成本，共同调整里程碑相关内容，确保其始终契合两方期望，
保障项目稳步推进。

4.3　编制 SOW，明确可交付成果

在项目管理流程里，首先要定义项目，明确边界；接着确定项目范
围，有效避免范围蔓延；而后制定可衡量的目标，为项目执行指引方向；
最后制定项目章程，详细界定权责与里程碑，从而获得授权启动项目。
通俗来讲，项目定义是初步构想，项目章程如同授权凭证，项目范围划

定了边界，项目目标是指引的灯塔，而工作说明书（Statement of Work，SOW）则是项目开展的工作指南。

工作说明书是对项目所要提供的产品、服务或成果的描述，通常包含工作范围、方法、进度、交付成果等详细信息，用于明确项目双方的工作内容和要求，是项目管理中的重要文件。在采购工作中，SOW 是需求部门向采购部门提交采购申请时必不可少的关键附件，同时也是项目执行与管理的重要依据，在项目启动阶段它就像是精准的"任务地图"。

在编制 SOW 以明确可交付成果时，需求管理、可采购性论证和SOW 编写指南都至关重要。需求管理能精准把控项目需求，确保最终成果符合预期；可采购性论证会综合考量多种因素，评估采购的可行性，为资源规划与预算提供有力支撑；SOW 编写指南则对内容和格式进行规范，防止遗漏关键要点。这三者相互配合，助力编制出高质量的 SOW。

4.3.1　需求管理，实现采购增值

当领导把项目任务交给你，你就是项目经理，那作为采购项目经理，应该对需求进行管理。公司资源有限，有效管理需求能合理配置资源，避免资源浪费。需求部门提出的需求不一定切实可行，需要凭借专业知识评估其在技术、成本和时间等方面的可行性，并及时调整。不同部门的需求可能存在冲突或重叠，管理需求可平衡各方利益，促进部门协作。此外，管理需求能确保采购与项目目标一致，有助于合理制订采购计划、控制成本。当项目环境发生变化时，也能及时调整采购策略，降低风险。

1. 需求澄清：精准把握需求

需求部门提出的需求往往存在诸多问题，这些问题若不加以解决，将对项目的顺利推进产生严重影响。例如，需求描述模糊不清会导致交付成果与预期不符，使项目执行迷失方向；需求过于紧急会打乱正常采

购节奏，增加采购成本；技术要求过于先进，超出实际业务需求范围，则不仅会抬高采购价格，还可能因技术不成熟带来风险。

因此，采购部门主动进行需求澄清至关重要。这不仅有助于控制成本，还能确保交付成果与项目目标高度契合，保障项目顺利进行。当采购部门收到需求部门编写的 SOW 后，可从以下三个方面展开需求澄清工作。

（1）SOW 描述的清晰完整性审查。采购部门应凭借丰富的经验，对 SOW 中采购物品的描述进行严格审核，确认是否存在关键信息遗漏，确保需求细节准确传达，避免因描述模糊导致执行偏差，以实现采购与需求的精准对接。

（2）采购数量与交付时间评估。采购部门须确认采购数量是否符合经济订货批量或供应商最小订货量要求，并全面评估交付时间的合理性，判断能否按时交付或是否存在紧急交付情况。不合理的采购数量和交付时间会对采购成本和项目进度产生负面影响。

（3）产品技术规格与先进性分析。采购部门要深入评估产品技术规格及其先进性，判断是否为定制化需求（定制化通常成本较高），考量先进程度是否过度，避免因追求过高先进性而导致采购价格高昂。同时，基于对市场的了解，向需求部门提供合理的技术规格建议，如推荐通用性较强的技术标准，拓宽供应商选择范围，降低成本，提高通用性和兼容性，便于后期维护管理。

2. 挖掘潜在需求：洞察未表达的声音

需求管理不仅要澄清明确提出的需求，还需关注干系人未表达出来的潜在需求，这对于满足干系人期望、提高满意度、确保项目成功至关重要。未表达需求的原因各异，包括不会说、不想说、不知道需要说、根本不能说四种情况。下面以设备采购为例，介绍这四种情况可采取的针对性措施。

（1）针对"不会说"：一线员工可能因缺乏专业知识无法准确描述需求，采购项目经理可组织设备选型研讨会，邀请供应商介绍设备特点和性能，让员工直观了解设备功能，同时提供需求模板，引导员工从工作流程、使用环境等方面详细描述需求。

（2）针对"不想说"：部分干系人可能因担心利益关系不愿透露真实需求，采购项目经理须建立透明采购流程，公开采购标准和评估方法，打消干系人的顾虑，并通过充分沟通，强调设备采购的目的是提高工作效率和质量，让其明白分享真实需求的重要性。

（3）针对"不知道需要说"：一些部门可能未意识到设备更新对工作的潜在影响而未提出需求，采购项目经理应主动与各部门沟通，了解其工作规划和发展方向，分析设备需求变化趋势，如业务量增加可能需要更高效的设备。通过定期评估设备需求，及时发现潜在需求。

（4）针对"根本不能说"：设备采购若涉及公司战略布局或商业机密，采购项目经理须在尊重保密需求的前提下，依据公司整体战略目标制订采购计划，选择可靠供应商并签订严格保密协议，确保采购顺利进行。

通过以上对需求的深度管理，采购部门不仅能对需求部门进行反向管理，还能基于真实需求场景，挖掘并理解其真正需求，提出建设性意见，实现采购增值，为项目和公司创造更大价值。

3. 用莫斯科法则：对需求优先级进行排序

在项目管理和采购工作中，资源有限决定了无法满足所有需求。因此，基于前期收集的信息对需求优先级进行排序，成为明确项目范围、合理配置资源的关键。莫斯科法则（MoSCoW）便是一种简单有效的优先级排序方法，它通过将需求分为四类，助力优化资源配置，保障关键任务的完成。

莫斯科法则把需求或任务分为以下四类。

（1）M（Must have）——必须有：这类需求是项目或采购的核心，缺失会导致项目失败。比如采购关键设备的核心芯片、项目启动所必需的基础软件，其优先级最高，多为法律、安全或功能上的强制要求，需在项目或采购的初始阶段完成。

（2）S（Should have）——应该有：对项目或采购比较重要，但即便未实现也不会致使项目完全失败。比如设备的性能优化模块、项目的用户权限管理功能，它们优先级较高，但可稍后完成，若资源允许应尽早实现，否则可能影响项目效率或用户体验。

（3）C（Could have）——可以有：属于"锦上添花"的内容，如果有，能提升项目价值，如果没有，也无重大影响。比如设备的个性化外观套件、项目的数据分析可视化拓展功能，这类需求优先级低，资源充足时实现，时间或预算紧张时可推迟实现或取消。

（4）W（Won't have）——不会有：当前阶段不需要，常因受资源限制或与当前项目目标不符。比如超出预算的高端定制功能、项目的非核心边缘功能。将它们明确排除在当前范围外，可避免资源浪费，不过它们可能是未来潜在需求。

由此可见，莫斯科法则不仅能对需求进行分类，更能在预算管理上合理分配资金，在时间计划上按优先级安排进度，从多方面辅助项目管理，是项目与采购管理中优化资源配置、明确目标的有效工具。

4.3.2　可采购性论证的思考框架

接到需求部门或项目发起人给出的采购需求后，无论项目是新产品开发、设备采购还是管理改善，都必须从采购层面进行可采购性论证，这是项目成功实施的关键所在。

可采购性论证，其核心在于解决供需精准对接的问题。一方面，依据对供应市场的了解，深入分析并获取符合项目技术要求且经济实惠的产品或服务，有效规避通用性欠佳、技术落后等状况；另一方面，提前察觉并化解供应中断、成本超支、质量不达标等风险，保障项目高效、有序推进。

在 IPD 流程里，特别是在项目启动阶段甚至更早时期，采购人员开展可采购性论证，对确保采购任务顺利进行、推动项目成功意义重大。接下来，以新产品开发为例，介绍可采购性论证的思考框架的六个层面。

1. 市场供应层面

（1）供应商数量与分布：调查市场上能够提供所需产品或服务的供应商数量，分析其地理分布情况。若供应商数量稀少，可能面临供应不稳定、价格垄断等风险；合理的地理分布有助于降低运输成本和供应中断风险。

（2）供应稳定性：研究供应商的生产能力、库存管理水平以及应对突发情况（如自然灾害、政策变化）的能力。了解供应商的历史供应记录，评估其按时、按质、按量供货的可靠性。

（3）技术更新速度：关注供应商的技术研发能力和技术更新速度。确保供应商能够跟上产品技术迭代的步伐，提供符合未来发展趋势的产品或服务。

2. 成本与价格层面

（1）成本构成分析：深入剖析采购产品或服务的成本构成，包括原材料成本、生产成本、运输成本、管理成本等。明确各项成本的占比，以便找出控制成本的关键环节。

（2）价格竞争力：对比不同供应商的报价，分析市场价格趋势。判断所采购产品或服务的价格是否具有竞争力，同时考虑价格的稳定性和可谈判空间。

（3）长期成本考量：除了关注采购初期的成本，还要考虑产品或服务在整个生命周期内的成本，如维护成本、升级成本、废弃处理成本等。

3. 质量与标准层面

（1）质量标准符合度：确定所需产品或服务的质量标准，并评估供应商是否能够满足这些标准。了解供应商的质量管理体系、质量控制流程以及质量认证情况。

（2）兼容性与适配性：确保采购的产品或服务与现有系统、设备、流程等具有良好的兼容性和适配性，避免因不兼容导致的额外成本和时间浪费。

（3）行业标准与法规遵循：关注采购产品或服务所在行业的相关标准和法规要求，确保供应商能够遵循这些规定，避免因合规问题给项目带来风险。

4. 交付与物流层面

（1）交付周期：明确供应商的交付周期，评估其是否能够满足项目的时间要求。考虑交付周期的稳定性，以及供应商在紧急情况下加快交付的能力。

（2）物流能力：评估供应商的物流合作伙伴和物流管理能力，包括运输方式、运输路线、仓储设施等，确保物流环节能够保障产品或服务的安全以及及时交付。

（3）交付灵活性：了解供应商在交付数量、交付时间等方面的灵活性，以便在项目需求发生变化时能够及时调整采购计划。

5. 供应商合作层面

（1）合作意愿与能力：评估供应商的合作意愿，包括是否愿意参与项目的前期规划、是否能够提供技术支持和解决方案等。同时，考察供应商的项目管理能力和沟通协调能力。

（2）供应商信誉：通过市场调研、客户评价、行业口碑等，了解供应商的信誉情况。选择信誉良好的供应商，有助于降低合作风险。

（3）长期合作潜力：考虑与供应商建立长期合作关系的可能性，评估供应商的发展前景和稳定性。长期合作关系可以带来成本优势、质量提升和供应链协同效应。

6. 风险评估层面

（1）识别潜在风险：分析在采购过程中可能遇到的各种风险，如供应中断风险、质量风险、价格波动风险、技术风险等。

（2）风险影响评估：评估每种风险对项目的影响程度，包括对项目进度、成本、质量等方面的影响。

（3）风险应对策略：针对识别出的风险，制定相应的应对策略，如寻找备用供应商、建立风险储备、签订长期合同等。

通过以上可采购性论证的思考框架，采购人员能够在新产品开发的 IPD 流程中，全面、系统地评估采购的可行性，为项目的顺利实施提供有力支持。

4.3.3　SOW 编写指南，避免要点遗漏

编制 SOW 意义重大，它能清晰界定项目范围与目标，防止范围随意扩大；规范交付成果，为验收提供标准，避免争议；统一工作流程和方法，保障质量与效率；厘清各方责任义务，避免推诿；作为合同签订依

据，保障双方权益，解决潜在纠纷。

在项目管理实践中，范围说明书与 SOW 常易混淆。范围说明书从宏观层面确定项目边界与范围，界定项目包含和不包含的内容；SOW 聚焦微观，详细描述项目所需的产品或服务，涵盖工作细节、执行方式以及交付成果等方面。在编写 SOW 时，可能会对原有的范围说明书进行修正，使二者相呼应，精准指导项目的开展。接下来，我们着重探讨 SOW 的编写。

1. 明确 SOW 编写责任，防止部门推诿

SOW 编写在项目推进中至关重要，然而需求部门和采购部门常因对责任的认知不同而互相推诿，影响项目的进度与效率。要解决这一问题，须明确职责并加强协作。

（1）需求部门主导编写：需求部门最了解自身业务需求、目标以及产品或服务的细节，应承担 SOW 的主要编写责任。例如，企业采购客户关系管理系统时，需求部门能够精准提出系统所需的功能模块，如客户信息管理、销售流程跟踪、数据分析等，以及对系统操作便捷性、数据安全性等方面的具体要求。

（2）采购部门辅助支持：采购部门虽不负责 SOW 的主要编写工作，但在其中发挥着关键的辅助作用。凭借丰富的市场经验和广泛的供应商资源，采购部门可为 SOW 编写提供价格区间、市场供应情况以及供应商信誉评级等信息。当需求部门在编写过程中遇到困惑时，采购部门还可**邀请**行业专家，协助其梳理需求、明确标准。

（3）供应商早期参与：邀请供应商早期参与 SOW 编写好处多多。供应商可凭借专业优势，提供优化方案。采购方应邀请多家有实力的供应商参与，了解市场行情，但应控制敏感信息披露，并兼顾参与供应商的利益，如给予优先考虑或非实质性奖励。

明确各方责任，合理让供应商参与，可避免扯皮，保障 SOW 编写顺利，为项目成功奠定基础。

2. SOW 编写要点指南

在项目管理中，SOW 的编写职责因角色而异。通常由需求部门主写，但当采购人员担任项目经理时，即便需求部门实际执笔，采购项目经理也需对 SOW 编写的准确性、进度等全面负责。项目经理统筹项目，项目发起人指引方向、提供资源。

采购项目经理编写 SOW，可从以下几方面入手。

（1）明晰需求与目标：全面了解需求部门对产品或服务在功能、性能、规格等方面的需求，与需求部门确认项目目标和预期成果，确保 SOW 中的描述与之相符。

（2）细化任务与要求：罗列项目任务和工作内容，明确每项任务的要求、顺序、时间节点和责任人，方便项目成员和供应商开展工作。

（3）确保可行性和合规性：评估 SOW 中任务的可行性，使其符合公司政策、法律法规和行业标准。与法律、财务等部门协作，保证条款合规，考虑风险并制定应对策略。

在编写 SOW 的过程中，还可以运用以下实用方法。

（1）模板法：参照已有的成熟 SOW 模板，根据具体项目的独特需求进行针对性的修改和完善。标准的格式和结构能够为快速搭建 SOW 框架提供便利，有效避免关键信息的遗漏。

（2）清单法：精心制定一份涵盖 SOW 要点的清单，其中包括项目概述、范围、需求、交付物、时间表、责任矩阵、风险管理计划等关键要素。在编写 SOW 时，依据清单逐一核对，确保信息的完整性。

（3）沟通法：与需求部门、供应商以及其他相关干系人进行充分沟通与协商。通过会议、邮件、电话等多种方式广泛收集各方的反馈意见，并及时对 SOW 进行修订和完善，从而保证其内容准确无误。

通过精准把握上述要点，并灵活运用合适的方法，采购项目经理能够编写出一份清晰、准确且完整的 SOW，为项目的顺利开展奠定坚实的基础。

4.4　创建 WBS，分配任务

有了 SOW 之后，接下来需要进行工作分解，编制工作分解结构（WBS）。WBS 是一种将项目可交付成果和项目工作逐步分解为更小、更易于管理的组成部分的层次化结构。其目的是把一个复杂的项目分解成一个个相对独立、可管理的工作单元，这是项目管理中的关键步骤。SOW 对项目所需提供的产品或服务进行了详细描述，而 WBS 是将项目可交付成果和项目工作分解成较小的、更易于管理的组成部分。

WBS 如同倒置的树，顶层是项目最终目标，中层是主要工作领域，底层是具体工作包。通过编制 WBS，项目被细化为可操作的工作包，让项目团队清晰了解任务，便于开展后续工作。它能明确工作边界，防止重复与遗漏；管理者依据成员专长分配工作包，提升效率；针对每个工作包精准估算人力、物力、财力及时间，为预算和进度计划提供依据；依据工作包设置里程碑和检查点，实时监控进度，及时纠偏。编制 WBS 时，常用自上而下或自下而上法，将主要可交付成果逐步细化，确保每个工作包范围、可交付成果、负责人和时间节点都明确。

4.4.1　确保 WBS 的完整性

在创建 WBS 时，须遵循 MECE（Mutually Exclusive Collectively Exhaustive）原则，即"相互独立，完全穷尽"，实现横向全覆盖、纵向层次递进。

首先是"完全穷尽"。要全面梳理项目全流程，从启动、筹备直至最终收尾，将所有涉及的工作任务无一遗漏地罗列出来。其次是"相互独立"。在对已梳理出的工作任务进行分类和细化时，务必保证每个任务之间相互独立，不存在重复或交叉的工作内容。最后是"交叉验证"。完成初步的任务梳理与分类后，组织具备不同专业背景、不同职责分工的团队成员以及利益相关者，从各自的角度对 WBS 进行审视。通过多维度的交叉验证，进一步确保 WBS 符合 MECE 原则，真正做到 100% 全覆盖、无遗漏。

此外，确保 WBS 完整性的关键在于，清晰界定每个工作包的工作内容、预期交付成果与验收标准，从而为项目执行提供精确指导，有力保障项目顺利推进。

🖹【案例】

搞砸的供应商大会

黑石科技怀揣着拓展业务版图、加深与供应商合作的美好愿景，准备筹备一场关键的供应商大会。踌躇满志的采购部小陈主动请缨，挑起大会筹备的大梁。

小陈一心赶进度，匆匆列了份简略任务清单就着手分工，却未对各项任务进行细致梳理。在邀请供应商这个关键环节，小陈既没指定专人负责，也没将其作为独立、清晰的任务安排。采购部同事各自联系熟悉的供应商，彼此毫无沟通。员工 A 想着员工 B 和长期合作的供应商 C 对接多，肯定会负责邀请；员工 B 却觉得 A 与 C 更熟，自然该 A 发出邀请。最终，供应商 C 遗憾缺席，未能收到参会通知。

大会当天，现场状况不断。小陈只记得安排打印桌牌，却遗漏了摆放桌牌这一重要任务。打印好的桌牌随意堆放，无人整理。供应商入场后，面对空桌无从落座，四处打听询问，场面一片混乱。加之现场未安排引导人员,供应商不仅找不到座位,对会议各环节位置也一无所知。

重要嘉宾接待上,小陈同样考虑欠佳。既未安排接送车辆,也未告知嘉宾会场位置。嘉宾抵达后被困宾馆,面对陌生环境,完全不知如何前往会场。满怀期待而来,却遭遇这般尴尬,嘉宾们对黑石科技的接待安排大为不满,对其合作诚意与专业性也产生了怀疑。

会议流程也因前期规划不足陷入混乱。不同主讲者使用不同版本的公司PPT,介绍公司业务和发展规划时说法矛盾,让认真聆听的供应商一头雾水。原本的合作热情瞬间被疑惑取代,对未来合作前景也忧心忡忡。这场本应促进合作的盛会,因WBS的严重缺陷而沦为闹剧,不仅合作目的落空,还使公司声誉受损,管理能力遭受质疑。

【案例点评】

黑石科技精心筹备的供应商大会,最终却因WBS的严重缺陷而沦为闹剧,令人惋惜。

小陈在筹备时,任务安排粗略,邀请供应商环节无专人跟进,致使供应商C未能参会。大会当天,现场状况频出。打印好的桌牌随意堆放,未按动线合理摆放,供应商入场后因无人引导,在混乱的动线中四处碰壁,找不到座位,也不知各环节位置。重要嘉宾接待更是一团糟,无接送安排和路线指引,让嘉宾困于宾馆,使其对公司印象大打折扣。会议流程也因PPT版本不一而矛盾频出,供应商满心疑惑。

此次大会失败凸显了WBS科学合理的重要性。WBS应依项目复杂程度与管理能力,合理分层,平衡粗细。对于大型供应商大会,从场地布置到动线规划,都须细化任务,明确标准,专人专责,否则易致细节缺失,影响项目效果,损害公司形象。

4.4.2 建立工作包与采购目标的强关联

在采购工作中，合理设计与规划工作包对实现采购目标至关重要。为此，我们须遵循目标导向的核心原则。首先，要对采购总体目标进行分层细化。以新能源汽车研发项目为例，可将总体目标拆解为动力系统研发、车身设计优化等一级任务，再进一步设定如电池技术研发、车身轻量化设计等二级子任务。这样，各级任务都紧密围绕总体目标展开。

其次，进行价值权衡优化。对每个细化任务，要评估其对总体目标的贡献程度，计算投入产出比，考量任务在提升性能、降低成本、缩短工期等方面的实际作用。对于贡献小、关联度低的任务果断剔除；对可优化的任务，调整执行方案，确保资源集中投入到关键任务中。

通过这些措施，确保工作包与采购目标强关联，高效推进采购工作，每一步都朝着实现目标的方向迈进。

【案例】

拆解工作包，高效达成"3 个月开 50 店"目标

林悦是知名连锁咖啡品牌"香韵咖啡"的采购经理，公司计划 3 个月内在全国新开 50 家门店。这就要求林悦在预算范围内，完成设备和咖啡豆的采购，保证新店如期开业、设备质量过硬、咖啡豆品质稳定。

为达成目标，林悦将采购工作拆解成以下多个工作包。

设备供应商筛选工作包：林悦带领团队收集海量供应商信息，并选择其中多家实地考察其生产情况。在考察中，一家供应商报价极低，但生产环境杂乱、品控流程简陋，林悦果断将其排除。经过多轮筛选，最终选定一家性价比高、口碑好的供应商。这一工作包与控制采购成本、保障设备质量的目标直接关联，确保采购的设备既符合质量要求，又不会超出预算，为新店开业筑牢硬件基础。

咖啡豆采购谈判工作包：林悦密切关注市场价格波动，与十几家供应商沟通。当发现一款巴西精品咖啡豆风味独特，却面临供应商坚持高价时，她凭借品牌影响力和长期合作诚意展开多轮谈判。最终，争取到优惠价格和稳定供货周期，既契合控制成本目标，又保障了咖啡豆品质稳定，满足顾客对咖啡品质的期待。

设备运输与安装协调工作包：林悦与供应商敲定发货时间和物流方案，提前规划运输路线，保障设备按时送达。同时，组织专业安装团队制订安装计划，设备一到店就能迅速安装调试。有一家门店场地临时调整，林悦紧急协调，确保设备按时就位并正常运行。这一工作包紧密关联新店按时开业的目标，让门店能按时开门迎客。

咖啡豆质量检测与验收工作包：咖啡豆到货后，专业人员依据严格标准，对新鲜度、风味等指标进行检测。有一批次新鲜度略低，林悦当即要求换货。该工作包直接服务于保证咖啡豆品质稳定的目标，让每一杯咖啡都能保持高品质。

在林悦的努力下，50家新店顺利开业。她通过将采购目标细化为多个工作包，使每个工作包精准对接采购目标，成功助力公司扩张，也为香韵咖啡在市场竞争中赢得先机。

【案例点评】

林悦在香韵咖啡"3个月开50店"的采购项目中，通过拆解工作包的方式，成功达成目标，值得借鉴。

林悦将采购工作细致拆解为设备供应商筛选、咖啡豆采购谈判、设备运输与安装协调、咖啡豆质量检测与验收等工作包，每个工作包都紧密围绕采购目标，如设备筛选保障质量与成本、咖啡豆谈判兼顾成本与品质、运输安装确保按时开业、质量检测维护产品品质。

在执行过程中，林悦展现出专业与果断。筛选供应商时果断排除条件不佳者，谈判时凭借品牌优势争取优惠，协调运输安装灵活应对突发状况，检测验收时严格把关。

此案例表明，将复杂目标拆解为具体工作包，使工作更具针对性和可操作性，能有效提升项目成功率，助力企业在竞争中取得优势，林悦的做法为项目管理提供了良好范例。

4.4.3　设备采购项目：WBS 创建与任务分配

假设你是一家制造企业的采购专员，领导交给你采购新型生产设备的任务，此时你便担任起项目经理角色，首要任务是创建 WBS 并合理分配任务。

设备采购看似简单，实则相当复杂，涵盖诸多方面。它不单单是设备本身的采购，还涉及配件采购，设备的安装调试，后续的售后服务以及培训环节。若是机械设备，还可能包含刀具、辅具等配件。任何一个环节有所遗漏，都可能引发一系列问题。我刚参加工作时，担任电气工程师，这是一个新工厂，我负责热处理车间设备的安装调试，当时状况百出。

基于此，我在此为大家提供一个设备采购项目的简要 WBS 模板。由于实际情况千差万别，无法做到详尽无遗，只提供一个简单的思路，但希望能为大家在构建设备采购 WBS 时提供一些启发，助力大家更科学、全面地规划设备采购工作，避免因考虑不周而产生各种困扰。

创建 WBS 一般遵循从整体到局部、从宏观到微观的顺序。常见方法有按项目阶段分解和按项目成果分解，在设备采购项目中，我们将二者结合使用。运用自上而下的分解方法，逐步将任务目标细化为具体可操作的工作包。遵循的规则是各工作包要有清晰的可交付成果、明确的责任人，且相互独立、完全穷尽，避免任务重复或遗漏。同时，为确保管理效率，WBS 的层级一般控制在 3 ～ 5 级，本项目设置为 4 级。

【样例】

设备采购项目启动与规划过程 WBS 模板

1 项目启动

1.1 需求调研与目标确定

1.1.1 部门沟通

1.1.1.1 制订沟通计划

1.1.1.2 整理部门需求

1.1.2 行业对标

1.1.2.1 筛选对标企业

1.1.2.2 分析对标数据

2 项目规划

2.1 采购策略制定

2.1.1 采购模式选择

2.1.1.1 市场分析

2.1.1.2 模式对比分析

2.1.2 风险评估与应对

2.1.2.1 风险因素识别

2.1.2.2 应对方案制订

2.2 预算编制

2.2.1 成本估算

2.2.1.1 价格调研

2.2.1.2 费用明细核算

2.2.2 预算审批流程

2.2.2.1 提交预算申请

2.2.2.2 跟进审批进度

在项目启动阶段，从整体的"项目启动"出发，拆解出"需求调研与目标确定"这一关键任务。"部门沟通"旨在全方位收集内部需求，通过制订沟通计划，让信息收集更有序；整理部门需求则是将收集来的信息进行归纳。"行业对标"是从外部获取参考，筛选对标企业锁定目标对象，分析对标数据提炼有用信息，助力明确项目目标。

进入项目规划阶段，"采购策略制定"关乎采购模式与风险评估。通过市场分析和模式对比分析，选择最合适的采购模式；识别风险因素并制订应对方案，降低项目风险。"预算编制"同样重要，价格调研和费用明细核算实现精准成本估算，提交预算申请和跟进审批进度则保障预算顺利获批，为项目开展提供资金规划。

4.5　制订计划，为项目导航

完成 WBS 的创建并合理分配工作任务后，紧接着就要制订项目计划。项目计划是一份综合全面的规划文件，它明确项目目标及成果标准，基于 WBS 细化任务并分配人力、物力、财力等资源，确定各任务的起止时间、先后顺序与依赖关系，识别评估风险并制定应对措施，同时规划团队与相关方的沟通方式。它像一盏明灯，为项目指引方向，让项目团队清楚了解各阶段的任务，保持方向感和目标感，避免偏离正轨。

计划制订依赖里程碑、SOW 和 WBS。里程碑确定关键时间节点，搭建项目时间框架；SOW 明确项目目标、范围等，划定计划边界；WBS 把工作细化为工作包，展示任务全貌。三者结合，可以明确各阶段目标、任务、时间节点等，形成可操作的行动指南。同时，可以运用项目管理工具，如制作详细的甘特图，直观展示项目进度计划，便于监控与调整。

接下来，我们将重点探讨进度计划，也就是时间进度计划，其核心工作就是编制一个科学合理的进度表。在项目管理的规划阶段，编制进度表是一项极为重要的工作内容。进度表能够明确项目中各项任务的时间安排、先后顺序以及关键节点，为项目团队提供一个清晰的时间框架和工作指引。

4.5.1　进度管理与进度计划

作为负责完成采购任务的采购人，依照项目管理的思路，运用项目管理中进度管理的知识来制订计划就显得尤为关键。进度管理与进度计划紧密相连。接下来，我们将深入探讨如何对任务进行分解，并清晰定义各项活动。毕竟，这些活动就是我们需要完成的具体任务，而时间计划也正是基于这些任务来制订的。

分解任务时，要综合考虑多方面：依成员能力适配任务，保证胜任；限定任务周期，有序推进；按依赖关系拆分，逻辑连贯；明确截止时间，提高效率；采用动宾结构表述，任务更清晰。

确定任务逻辑顺序后，还须估算完成任务所需资源和时间，进而科学制订计划。下面，我们就来详细了解这些具体步骤和方法，掌握采购任务进度管理的要点。

1.分解任务，定义活动

精准定义项目活动是进度管理的首要步骤。这需依据项目范围说明书和 WBS，把项目工作细致拆解为具体可操作的任务。在分解工作任务时，运用以下实用技巧能提升计划质量与可执行性。

（1）依能力适配任务：分配任务时，务必以担当人的能力为依据。避免布置超出其能力范畴的任务，以防任务失败或打击员工的工作积极性。例如，不能让不具备编程能力的人员承担复杂的编程任务，应基于员工的技能、经验和知识水平进行合理分配。

（2）限定任务周期：将任务的完成时间控制在一周内较为适宜。这样便于在周例会上对任务进度进行跟踪，及时发现并解决问题。时间过长容易滋生拖延现象，过短则可能不利于任务的充分开展。比如安排在一周内完成市场调研报告。

（3）按依赖关系拆分：借鉴供应链管理的理念，根据工作之间的依赖关系，将任务拆分为通用部分和定制部分。通用部分由于不依赖特定条件或其他任务的完成，可提前进行准备与执行，如产品研发项目中基础零部件的设计和生产；定制部分则在通用部分完成后展开。

（4）明确截止时间：为任务设定明确的截止时间（Deadline），并争取团队成员的认可与承诺。明确的时间限制能够增强紧迫感，有效提高执行力，避免任务无限期推迟。

（5）采用动宾结构表述：描述任务时采用动宾结构，能够清晰呈现工作内容，避免产生歧义。例如，"编写产品说明书"相较于"产品说明书相关工作"，表述更加明确具体。

2. 确定顺序，制订计划

在完成了任务的精细分解与清晰定义活动之后，我们便进入了进度管理中至关重要的阶段，即确定顺序、制订计划。这一环节直接关系到整个项目能否有条不紊地推进，如同为项目搭建起稳固的骨架，让后续的工作有章可循。

（1）确定活动逻辑顺序：确定活动顺序是进度管理的关键环节，活动之间的逻辑关系可归纳为四种类型。

完成—开始型：即 A 任务完成后 B 任务才能开始。例如在采购特殊零部件时，技术部需先完成任务 A（设定零部件详细参数），采购部才能开展任务 B（向供应商询价洽谈）。因为若 A 任务未完成，参数不确定，采购工作将无法精准推进。

　　开始—开始型：即 A 任务开始后 B 任务才能开始。以大型设备采购为例，采购部开始任务 A（与供应商初步沟通），技术部便随即启动任务 B（评估供应商技术方案）。这两个任务并非先后完成的关系，而是 A 任务的开始触发了 B 任务的启动。

　　完成—完成型：即 A 任务完成后 B 任务才能完成。比如在办公家具采购中，需先完成任务 A（家具安装摆放），才能进行任务 B（清洁验收）。只有安装摆放工作完成后，才能开展清洁验收工作，且两项任务都结束后，该部分采购工作才算圆满完成。

　　开始—完成型：即 A 任务开始后 B 任务才能完成。比如进口原材料采购，只有开始任务 A（办理进口报关手续），才能实现任务 B（清关并运抵仓库）。若 A 任务不启动，原材料将无法进入清关运输流程，只有 A 任务不断推进，才能最终完成 B 任务。

　　（2）估算资源与时间：除了确定活动顺序，估算活动资源和持续时间也很重要。估算资源时，要考虑人力、设备、材料等，依据可获取性和成本合理调配。估算持续时间须综合工作量、资源投入和历史经验，用专家判断、类比估算等方法预估，如参考类似项目地基施工时长估算当前项目用时。

　　（3）借助工具与设置节点：完成上述工作后，借助关键路径法（CPM）、计划评审技术（PERT）、甘特图等工具制订进度计划。关键路径法用于寻找关键路径，PERT 适用于不确定性高的项目，甘特图可直观展示进度。同时，设置进度里程碑，明确项目阶段性完成和重要交付物提交节点，作为监控进度的依据。

　　进度管理涵盖从活动定义到进度监控的各个环节，环环相扣，缺一不可。通过这一系统且严谨的流程，能够为项目科学、合理地制订时间进度计划，有力推动项目实现预期目标。

4.5.2　关键路径法与计划评审技术

在制订项目计划时，不能仅仅关注计划在当下执行的可行性，还须运用恰当的方法与技术，以此提升计划的科学性与前瞻性，使其能够更好地应对项目推进过程中的各种状况。

关键路径法和计划评审技术是编制项目进度表时极具价值的两种工具。尽管这两个工具在采购管理实践中较少使用，但作为项目管理知识不可或缺的一部分，我在这里还是要介绍一下。

1. 关键路径法

关键路径法（Critical Path Method，CPM），通过对项目中各任务间的逻辑关系及所需时长的深入剖析，精准确定从项目启动到结束耗时最长的路径，即关键路径。关键路径上的任务被称作关键任务，这些任务的持续时长直接决定了项目的总工期。关键任务不存在浮动时间。浮动时间，也叫松弛时间或时差，是指在不影响项目总工期的前提下，任务可以推迟开始或延长完成的时间量。关键任务没有这样可灵活变动的时间量，一旦其中任何一个任务出现延误，整个项目的完成时间都将随之推迟。基于此，项目经理可将主要精力聚焦于关键任务，合理调配人力、物力、财力等资源，从而确保项目能够按时交付。

以下是一个关键路径法的简单例子。

假设要举办一场婚礼，主要任务及所需时间如下。

确定婚礼场地：需 2 天。

邀请宾客：设计并印刷请柬需 3 天，发送请柬并统计回复需 5 天，共 8 天。

预订婚宴：与酒店沟通协商需 2 天，确定菜单等细节需 3 天，共 5 天。

安排婚庆公司：挑选婚庆公司需 3 天，沟通婚礼方案需 4 天，共 7 天。

拍摄婚纱照：拍摄准备需 1 天，拍摄需 3 天，选片需 2 天，共 6 天。

婚礼彩排：婚礼前 1 天进行，需 1 天。

这些任务之间存在一定逻辑关系，确定场地后才能预订婚宴，邀请宾客和安排婚庆公司可与其他任务并行，但都要在婚礼彩排前完成，拍摄婚纱照可在确定场地后进行。

通过分析可得出两条路径：路径一是"确定婚礼场地→预订婚宴→婚礼彩排"，总时长为 2 + 5 + 1 = 8 天；路径二是"确定婚礼场地→拍摄婚纱照→安排婚庆公司→婚礼彩排"，总时长为 2 + 6 + 7 + 1 = 16 天。路径二耗时更长，是关键路径，"确定婚礼场地""拍摄婚纱照""安排婚庆公司""婚礼彩排"就是关键任务。

若"拍摄婚纱照"任务延误 2 天，整个婚礼筹备时间就会推迟 2 天。婚礼筹备团队需要重点关注关键任务，合理分配人力、物力等资源，确保这些任务按时完成，以保障婚礼如期举行。

使用关键路径法找出关键路径，一般有以下具体操作步骤。

第一步，确定项目任务。将项目分解为具体的、可管理的任务，明确每个任务的开始和结束节点。

第二步，绘制网络图。以节点表示任务，用箭线表示任务之间的先后顺序和逻辑关系，绘制出项目的网络图。

第三步，计算任务时间。确定每个任务的持续时间，可以通过经验估算、历史数据参考或专家意见等方法得出。首先，计算最早开始时间（ES）和最早完成时间（EF）。从网络图的起始节点开始，按照任务的逻辑顺序，依次计算每个任务的 ES 和 EF。对于起始任务，ES 通常为 0，EF = ES + 任务持续时间。后续任务的 ES 等于其前置任务中最大的 EF，EF 同样根据 ES 和任务持续时间来计算。其次，计算最晚开始时间（LS）和最晚完成时间（LF）。从网络图的结束节点开始，逆着任务的逻辑顺序，计算每个任务的 LS 和 LF。对于结束任务，LF 等于其 EF，LS = LF– 任务持续时间。前置任务的 LF 等于其后置任务中最小的 LS，LS 根据 LF 和任务持续时间来计算。

第四步，确定关键路径。计算每个任务的总浮动时间（TF），TF = LS–ES 或 TF = LF–EF。TF 为 0 的任务就是关键任务，由关键任务组成的路径即为关键路径。

在实际应用中，可能还需要对关键路径进行调整和优化，考虑资源分配、风险因素等，确保项目顺利进行。

以下是一个复杂的例子。假设要举办一场校园歌手大赛，我们运用关键路径法来找出关键路径，具体步骤如下。

确定项目任务

任务 A：确定比赛规则和评分标准，预计耗时 2 天，开始节点为项目启动，结束节点为规则标准确定完成。

任务 B：邀请评委，预计耗时 3 天，开始节点为规则标准确定完成，结束节点为评委邀请完毕。

任务 C：选手报名，预计耗时 5 天，开始节点为项目启动，结束节点为报名截止。

任务 D：准备比赛场地，预计耗时 4 天，开始节点为项目启动，结束节点为场地准备完毕。

任务 E：组织选手抽签，预计耗时 1 天，开始节点为报名截止，结束节点为抽签完成。

任务 F：进行比赛，预计耗时 1 天，开始节点为抽签完成、评委邀请完毕且场地准备完毕，结束节点为比赛结束。

任务 G：统计比赛结果，预计耗时 1 天，开始节点为比赛结束，结束节点为结果统计完成。

绘制网络图

以节点表示上述各个任务，用箭线连接表示任务先后顺序和逻辑关系。比如从项目启动节点引出箭线指向任务 A、C、D 的节点；任务 A 的节点引出箭线指向任务 B 的节点；任务 C 的节点引出箭线指向任务 E 的节点；任务 D 的节点也引出箭线指向任务 F 的节点；任务 B、E 的节点都引出箭线指向任务 F 的节点；任务 F 的节点引出箭线指向任务 G 的节点。

计算任务时间

在确定项目任务时给出每个任务的持续时间。

计算最早开始时间（ES）和最早完成时间（EF）：

任务 A：ES = 0，EF = 0 + 2 = 2。

任务 B：ES = 2（任务 A 的 EF），EF = 2 + 3 = 5。

任务 C：ES = 0，EF = 0 + 5 = 5。

任务 D：ES = 0，EF = 0 + 4 = 4。

任务 E：ES = 5（任务 C 的 EF），EF = 5 + 1 = 6。

任务 F：ES = 6（任务 B、E、D 中最大的 EF 值），EF = 6 + 1 = 7。

任务 G：ES = 7，EF = 7 + 1 = 8。

计算最晚开始时间（LS）和最晚完成时间（LF）：

任务 G：LF = 8（等于 EF），LS = 8 − 1 = 7。

任务 F：LF = 7（任务 G 的 LS），LS = 7 − 1 = 6。

任务 E：LF = 6（任务 F 的 LS），LS = 6 − 1 = 5。

任务 D：LF = 6（任务 F 的 LS），LS = 6 − 4 = 2。

任务 C：LF = 5（任务 E 的 LS），LS = 5 − 5 = 0。

任务 B：LF = 6（任务 F 的 LS），LS = 6 − 3 = 3。

任务 A：LF = 3（任务 B 的 LS），LS = 3 − 2 = 1。

确定关键路径

计算每个任务的总浮动时间（TF）：

任务 A：TF = 1 − 0 = 1 或 TF = 3 − 2 = 1。

任务 B：TF = 3 − 2 = 1 或 TF = 6 − 5 = 1。

任务 C：TF = 0 − 0 = 0 或 TF = 5 − 5 = 0。

任务 D：TF = 2 − 0 = 2 或 TF = 6 − 4 = 2。

任务 E：TF = 5 − 5 = 0 或 TF = 6 − 6 = 0。

任务 F：TF = 6 − 6 = 0 或 TF = 7 − 7 = 0。

任务 G：TF = 7 − 7 = 0 或 TF = 8 − 8 = 0。

总浮动时间为 0 的任务是 C、E、F、G，由这些任务组成的路径——选手报名→组织选手抽签→进行比赛→统计比赛结果，即为关键路径。

在实际举办校园歌手大赛时，主办方需要重点关注关键任务，合理安排资源，确保这些任务按时完成，从而保证整个歌手大赛能顺利进行。

2. 计划评审技术

计划评审技术（Program Evaluation and Review Technique，PERT）充分考量了任务持续时间的不确定性因素。针对每个任务，分别估算其乐观时间（最顺利情形下完成任务所需的时间）、悲观时间（最不利情形下完成任务所需的时间）以及最可能时间（正常情况下完成任务所需的时间），而后运用特定公式计算出每个任务的期望时间。计划评审技术尤其适用于项目初期阶段，在信息尚不充分、任务持续时间难以精确预估时，该工具能够更为灵活地应对各种不确定性，为科学合理地安排项目进度提供更为可靠的依据。

以下是一个计划评审技术的应用案例。

假设某软件公司要开发一款新的手机应用程序，对其中"开发用户注册登录模块"任务使用计划评审技术来预估时间。

乐观时间：开发团队在一切顺利，如技术难题少、团队配合高效等理想情况下，预计 3 天可以完成该模块开发。

悲观时间：若遇到技术难题攻关时间长、团队成员生病请假等最不利情况，估计需要 9 天才能完成。

最可能时间：在正常情况下，考虑到一般的技术难度和团队工作效率等因素，认为 5 天完成该模块开发的可能性最大。

根据计划评审技术的期望时间计算公式：期望时间 =（乐观时间 + 4 × 最可能时间 + 悲观时间）÷ 6，则该任务的期望时间为（3 + 4 × 5 + 9）÷ 6 = 5.33 天。

在实际项目进度安排中，就可以以 5.33 天作为"开发用户注册登录模块"任务的预计时间，结合其他任务的时间预估来制订整个项目的进度计划，以便更灵活地应对可能出现的各种情况，合理安排资源和监控项目进度。

在项目管理进程中，关键路径法与计划评审技术作为项目进度管理的得力方法，合理运用它们，能极大地完善项目计划，使其逻辑更严谨、体系更科学，为项目的成功落地筑牢根基。

关键路径法和计划评审技术各有特色，也存在紧密联系。

二者的联系体现在：首先，目标高度统一，均致力于精准锁定项目的关键任务与路径，确保项目能严格按照预定时间交付；其次，基础步骤相似，都需要细致地分解项目任务，清晰梳理任务间的逻辑关系，并对时间参数进行计算分析；最后，在实际应用中，它们常常相辅相成，关键路径法擅长处理时间确定的任务，而计划评审技术则能有效应对不确定性高的任务，二者结合优化了项目进度规划。

二者的区别也较为明显：在时间估算方式上，关键路径法依赖单一的确定时间值，计划评审技术则采用三点估算，即综合考虑乐观时间、悲观时间和最可能时间，来推算期望时间；在关注重点方面，关键路径法侧重于关键路径与任务的确定，计划评审技术不仅关注关键路径，还深入进行项目进度的概率分析，能给出项目在不同时间完成的概率；从应用场景来看，关键路径法适用于任务明确、时间易于预估的项目，计划评审技术则更适合应用于不确定性大、缺乏历史数据参考的项目。

4.5.3 把"不可能"变成"可能"

在采购工作中，采购项目经理常面临看似"不可能"的任务。此时，应积极主动，以高超的计划排程和进度管理化不可能为可能。首先，剖析关键路径，找出紧密联系、资源集中且风险高的环节，寻找突破点。其次，运用 WBS 工具拆解任务，细化成子任务和工作包，尽量将串行任务改为并行，优化流程，去除烦琐环节。同时，合理调配资源，向领导和相关部门争取支持，必要时引入外部资源。再次，科学重排任务，评估任务的重要性和紧迫性，灵活调整顺序，为关键任务留足资源和时间，条件允许时并行任务。最后，若努力后仍无法按时完成，及时与领导沟通，申请调时或罗列潜在风险，助其科学决策。总之，要凭借智慧和勇气，将"不可能"变成"可能"，确保采购项目顺利进行。

【案例】

Lily 通过计划排程，把"不可能"变成"可能"

Lily 是一家主营高端电子产品的知名外企的资深采购专员。一次，公司接到紧急大订单，客户要求在短短两个月内交付定制化电子产品，然而正常情况下，仅原材料采购和生产环节就需要三个半月的时间。Lily 临危受命，负责关键原材料的采购工作。

Lily 运用项目排程知识，对采购流程进行梳理。她发现以往流程多是串行进行，按部就班十分耗时，于是决定并行部分环节。在需求确认环节，一得知有紧急订单，Lily 就主动与技术团队沟通并参与内部会议，提前了解产品设计方向。当技术团队还在确定细节时，她依据初步信息，便开始筛选供应商并准备评估资料。凭借高效沟通，原本需要一周才能完成的需求确认工作，仅用三天就顺利结束。

进入供应商评估与选择阶段，Lily 凭借丰富经验和供应商数据库，迅速筛选出能在短时间内生产原材料的供应商。她将评估与需求确认同步推进，综合考量价格、生产能力、交货可靠性及应急能力等因素，选定实力最强的供应商后，即刻进入合同签订环节。她提前备好合同模板，与法务部门紧密协作，在与供应商达成初步意向后的两天内，便完成了签约。

在原材料生产跟踪阶段，Lily 与供应商建立每日沟通机制，实时掌握生产进度，及时协调解决问题。设备发生故障时，她协助联系维修团队，保障生产顺利进行。同时，提前与生产部门沟通，让其根据预计到货时间，提前做好生产线调试和人员安排。

质量把控上，Lily 提前与质检部门沟通，选派经验丰富的质检人员在原材料生产临近结束时就前往供应商现场检验。在运输环节选择加急空运，并与物流部门协调好接收事宜。

最终，关键原材料按时到货且质量合格，生产线顺利启动，公司如期交付产品，避免了巨额赔偿，赢得客户高度认可。

【案例点评】

Lily 在高端电子产品紧急订单的关键原材料采购项目中，凭借出色的计划排程能力，将看似"不可能"的任务变为了"可能"，值得称赞。

Lily 打破常规，把串行流程改为并行，提前介入各环节，如在需求确认时就同步筛选供应商，极大缩短了时间。她注重沟通协作，与技术、法务、生产、质检等多部门密切配合，确保信息畅通，工作无缝衔接。面对供应商设备故障等问题，及时调配资源解决，保障生产顺利进行。

同时，Lily 巧妙运用工作前置策略，如提前备好合同模板、安排质检人员到现场检验等，进一步压缩时间。运输时选择加急空运并协调好接收事宜，全方位保障原材料按时、按质到货。

此案例充分体现了计划排程在项目管理中的重要性，Lily 的做法为应对紧急任务提供了优秀范例，展示了专业能力和高效执行力对项目成功的关键作用。

4.5.4 评估供应商"三柔"供货能力

在制订项目进度计划时，供应商的供货能力是一个关键考量因素。尤其是在小批量、多品种的需求趋势下，评估供应商的柔性供货能力至关重要，这能确保满足小批量、多品种且时间紧迫的采购任务。

具体可从三个方面评估供应商的柔性供货能力：数量上，看其能否灵活处理不同规模的小批量订单；品种上，考量其是否具备丰富多样的产品，满足多品种采购需求；时间上，判断其能否在规定的较短时间内及时供货，响应紧急采购需求。

1. 数量柔性：供需动态平衡的考量

（1）历史数据分析。收集供应商过往小批量、多品种订单交付记录，运用数据分析工具，统计不同订单数量下的交付偏差率，分析其能否快速响应订单数量的波动。例如，对比不同时期订单数量增加或减少时，供应商实际交付量与订单量的差距，以此评估其应对订单数量变化的历史表现。

（2）模拟订单测试。在项目规划过程中，根据项目可能的需求波动，设置多组数量突变的模拟订单。例如短期内订单数量翻倍或锐减，要求供应商提供应对方案，包括生产排期、库存调配等，判断其在极端情况下的产能调整能力。

（3）资源配置弹性。依据项目管理的资源管理原理，考察供应商的生产设备是否具备快速切换产能的能力；人力资源调配是否灵活，能否通过加班、临时招聘等方式，在订单数量发生变化时维持生产节奏。

2.品种柔性：多元需求的应对能力

（1）产品研发实力。研究供应商的产品目录，评估其产品种类的广度和深度，了解其研发投入和技术储备。例如，询问供应商针对新需求开发新产品的周期和成功率，判断其能否快速响应项目对不同品种的需求。

（2）生产流程灵活性。运用项目管理中的流程管理方法，深入生产现场，观察工装夹具的更换效率、设备调整的便捷性，以及生产工艺是否具备通用性，能否在不同品种产品生产间快速切换，且不影响产品质量。

（3）协同创新表现。在项目执行中，观察供应商参与项目设计的积极性和有效性，看其能否根据项目需求，提供替代材料、优化工艺等建议，共同解决品种多样化带来的问题。

3.时间柔性：交付时效的精准把控

（1）交付周期稳定性。收集供应商过去的交付周期数据，计算平均交付时间、交付时间标准差等指标，评估交付时间的波动范围，统计按时交付订单的比例，判断其在常规情况下的交付时效。

（2）应急响应测试。在项目执行过程中，设置紧急订单场景，要求供应商在极短时间内完成交付，观察其响应速度、沟通协调能力以及最终交付时间，检验其应对突发需求的能力。

（3）供应链协同效率。从供应链管理角度，考察供应商与上下游企业的信息共享程度，判断其能否实时掌握原材料供应、生产进度和物流运输状态，以便在交付时间有变时，及时调整计划，确保按时交付。

4.5.5　缩短长周期物料采购周期

长周期物料是又一个影响计划排程、影响进度管理的重要考量因素。长周期物料是指从采购下单到交付使用耗时较长的物料，因其生产工艺复杂、原材料获取困难或运输报关流程烦琐等，采购周期往往长达数周甚至数月。在项目时间进度计划中，长周期物料采购意义重大，常处于关键路径，一旦交付延迟就会直接延误项目整体进度；其采购须提前规划大量资源，安排不当易致资源浪费或短缺；紧密关联其他活动，交付延迟会打乱后续工作节奏；由于供应风险大，存在生产、运输等诸多不确定因素，须合理安排并制定应对措施。因此，为保障项目顺利推进，多维度缩短长周期物料的采购周期十分必要。

而要做到精准识别，可从多方面入手，比如梳理历史数据，回顾过往项目采购记录，揪出那些曾延误项目进度、采购周期超长的物料；借鉴行业经验，参考行业报告、与同行交流，洞悉行业内普遍采购周期长的物料类型，同时密切关注原材料市场的供应稳定性和政策变动；积极与供应商沟通，了解哪些物料存在生产工序复杂、原材料供应受限等情况，明确供应风险点。

具体可以从以下多个方面缩短长周期物料的采购周期。

1. 预测先行，规划动态调整

运用项目管理中的滚动式规划理念，结合市场趋势、销售数据和项目计划，借助时间序列分析、回归分析等预测模型，对长周期物料的需求进行精准预测。组建由销售、研发、生产、采购等多部门构成的跨职能小组，按照项目阶段节点共同研讨并调整需求预测。例如在软件开发项目中，根据项目不同阶段对服务器硬件资源的需求变化，结合市场上新硬件产品的推出节奏，提前规划长周期服务器设备的采购，避免因硬件资源不足或采购延迟影响项目进度。

2. 库存优化，保障供应稳定

在项目管理中，风险评估是重要环节。借助定量订货模型和定期订货模型，依据项目进度和风险评估，确定长周期物料合理的安全库存水平和补货点。利用库存管理软件搭建实时监控看板，一旦库存水平接近补货点，自动触发补货流程。比如在建筑项目中，通过对施工进度、天气因素、供应商信誉等风险的评估，确定水泥、钢材等长周期建筑材料的安全库存，确保施工过程不受物料短缺影响，同时避免库存积压占用过多资金。

3. 协同合作，打破部门壁垒

从项目集成管理的角度出发，在项目启动过程中，采购与研发共同制订协同计划，明确双方职责、工作流程和沟通机制。在产品设计阶段，采购人员参与设计评审，从采购可行性、成本、供应周期等角度提出建议；研发人员根据采购反馈，优化设计方案，选用供应稳定、采购周期短的物料。在电子产品制造项目中，采购与研发紧密配合，研发在设计新产品时充分考虑采购的便利性，采购则为研发提供市场上物料供应的最新信息，双方共同确保项目在既定时间内完成产品的开发和生产。

4. 早期参与，供应商提前布局

在项目规划过程中，引入项目风险管理思想，邀请供应商参与项目风险评估与应对策略制定，让其凭借专业经验，在产品设计环节提供物料选型、生产工艺、供应链优化等建议。与供应商达成合作共识后，一旦项目需求和设计基本确定，即便图纸未完全完成，也可提前下单，并利用项目跟踪工具实时监控订单执行进度。在航空航天项目中，对于定制化的长周期零部件，供应商提前介入设计，提出优化方案，采购方提前下单，并通过风险管理工具对可能出现的供应风险进行预警和应对，确保零部件按时交付，保障项目顺利推进。

缩短长周期物料采购周期需要综合运用多种方法，从需求预测、库存管理、跨部门协同到供应商早期参与，全流程紧密把控，实现项目采购的高效运作，为项目成功交付提供有力保障。

4.5.6 全面识别与应对风险

古人云"凡事预则立，不预则废"，项目推进中风险无处不在，提前识别和预防风险至关重要。识别风险是项目规划的关键，面对"不可能"的任务，更需要精准全面识别、评估并应对风险，有效的风险管控是项目成功的关键。

1. 风险识别

在项目管理里，风险识别十分重要。参考工作说明书和工作分解结构，从内外部全面梳理潜在风险。

内部风险：审视团队专业能力与资源状况，比如成员是否懂复杂合同条款、特定行业物资知识，人力配置能否满足任务，办公设备和信息系统能否支撑工作，内部流程是否合理，烦琐的审批流程是否会导致进

度延误。

外部风险：关注供应商的稳定性与可靠性，比如生产能力能否满足加急订单，信誉记录有无延迟交付等问题。还要留意市场环境变化，如原材料价格波动、政策调整对采购的影响，以及不可抗力因素。

识别风险后，记录于风险登记册，为后续评估和应对提供依据。

2. 风险评估

识别风险后，需要评估其影响程度和发生概率。

影响程度：从项目进度、成本、质量和交付成果等角度衡量。例如，供应商不能按时交付核心物资导致进度延误，影响程度高；市场价格波动在可承受范围内，影响程度低。

发生概率：依据过往经验、市场数据和行业动态判断。例如，特定季节某原材料供应不稳定，供应中断风险概率高；供应商稳定，违约概率低。

3. 风险应对

基于风险识别和评估，制定针对性管控措施，对此 4T 法则行之有效。

风险规避（Terminate）：采购中可改变策略、放弃高风险项目或选可靠供应商。如某供应商地区政治不稳定，终止合作选择其他供应商，消除供应中断风险。

风险减轻（Treat）：采取措施降低风险概率或影响。如采购重要物资时增加考察、抽检，降低产品不合格风险；建立紧急供货机制，减少缺货影响。

风险转移（Transfer）：将风险后果和责任转给其他方。如购买运输保险转移货物损失风险，签订长期合同让供应商承担价格波动风险。

风险接受（Tolerate）：风险概率低、影响小或应对成本高于潜在损失时，接受风险不主动应对。如采购通用物资，供应商临时涨价风险小且损失轻，选择接受，风险发生时再处理。

若项目任务确实难以完成，要及时如实汇报领导，说明风险评估结果，包括成本超支、进度延误等。即便按领导要求推进，也要阐述风险管控措施，确保风险可控，保障项目顺利进行。

4.6　预算成本，不多不少

作为采购项目经理，必须掌握预算管理。项目管理的成本预算，是将估算好的项目成本，精准分配到各项具体工作和活动中，确定成本定额，形成成本控制标准。它以货币形式量化人力、物力、财力等资源投入。例如，人力成本包括团队成员薪资，物力成本涵盖设备、材料采购费用，财力成本涉及资金筹集与使用开销，同时兼顾时间成本（如赶工产生的额外费用）、知识成本（如咨询费、专利费）等。

预算对项目至关重要，它为项目搭建成本框架，帮助管理者提前规划资源分配，避免资源错配；它能精准控制成本，通过对比实际与预算支出，及时纠正偏差，防止超支；它还是沟通的桥梁，让各方就项目成本达成共识，便于协同工作。

预算过高会导致资源闲置和浪费，降低经济效益；预算过低则会使项目因资源不足难以推进，造成工期延误、质量下降。只有预算精准，才能保障项目顺利进行，实现资源高效利用，达成项目目标，提升整体效益。

4.6.1　确保完整性，预留弹性

在项目管理的预算工作中，确保预算管理的完整性并保留必要弹性

至关重要。一方面，预算须实现全覆盖，若有所缺漏，后续项目执行可能面临资源不足的困境；另一方面，预留弹性是为了抵御各类风险，防范意外情况的发生。简单来说，就是要做到全面覆盖，保证预算完整性，避免遗漏；同时合理预留弹性，增强应对风险的能力。

1. 全方位覆盖，确保预算完整性

全面梳理项目的各个环节，从采购前期的市场调研、采购中的合同签订与质量检验，到交付验收，每一项费用都必须细致梳理，无一遗漏地纳入预算。不能忽视特殊情况和隐性成本，如紧急采购的加急费、项目管理成本、培训成本以及后期维护成本等。具体实施步骤如下。

（1）梳理项目活动：严格依据项目计划和工作分解结构，对所有项目活动进行地毯式梳理，明确每项活动所涉及的成本。以举办大型展会为例，要精准确定场地租赁、展位搭建、展品运输、宣传推广、人员接待等各项活动的成本。

（2）识别隐性成本：除了明显的显性成本，要练就一双"火眼金睛"，精准识别隐性成本。例如在信息系统建设项目中，系统上线后的维护升级成本绝不能忽视。

（3）多方审核确认：组织项目成员、财务专业人员、相关领域专家等，对成本覆盖范围进行全方位审核。例如在工程项目中，让施工、采购、财务等多部门协同合作，共同审核成本清单，确保没有任何遗漏。

2. 合理预留弹性，增强风险应对能力

充分考虑项目在执行过程中可能遭遇的各类风险，如市场价格波动、政策法规变化、技术难题等。编制预算时，一定要设置弹性预算，为应对不确定性预留资金。具体做法如下。

（1）评估风险因素：全面排查项目可能面临的风险，深入分析其对

成本的潜在影响。比如在海外项目中，要充分考虑汇率波动、当地政策调整等因素对成本的影响。

（2）确定预留比例：根据项目风险程度和不确定性大小，合理确定弹性预算预留比例，一般控制在 10% ～ 20%。对于风险高、需求易变的项目，可适当提高预留比例。

（3）规范弹性使用：制定严格的弹性预算使用规则和审批流程，确保弹性资金用在刀刃上，避免随意挪用。例如规定弹性预算的动用须项目经理和财务负责人共同审批。

4.6.2　BCD 方法，精准估算成本

在项目管理中，预算编制绝非仅仅是对资金的规划，它涵盖了项目推进所需的各类关键资源，包括财力、物力、人力、时间以及知识等。对这些资源提前进行精准估算至关重要。财力预算决定了项目的资金流能否支撑各项活动开展；物力预算关乎设备、材料等物资的充足供应；人力预算确保合适数量和技能的人员参与项目；时间预算把控项目进度，避免延误；知识预算则保障项目所需的专业技术与经验得以有效运用。

预算若编制过多，各类资源会出现闲置与浪费，徒增项目成本；若编制过少，项目将因资源短缺面临停滞、进度拖延等困境。评估资源要精准把握量和价。在量上，需要剖析项目活动，参考过往数据与行业现状，明确各类资源数量，如时间量、物资数量、人工数量。在价上，需要调研市场，掌握人工与物资价格水平及波动趋势。预算过高或过低都不利于项目推进，理想状态是做到不多不少。以下是实现精准预算的三种方法，简称 BCD 方法。

头脑风暴法（Brainstorming，B）：当面对首次采购、缺乏历史数据参考且不太熟悉的产品时，组织公司内部相关专业人员，甚至邀请外部行业专家，共同开展头脑风暴。在开放的讨论氛围中，专家们凭借各自

的专业知识、经验以及对市场的了解，从不同角度对采购成本进行预估。例如，针对新研发产品所需的特殊原材料采购成本，通过这种群策群力的方式，收集各方观点和见解，汇总形成较为合理的成本预测范围。

比较分析法（Comparison Analysis，C）：只要条件允许，就积极开展市场调研，向多家供应商进行询价。收集不同供应商的报价、产品规格、服务条款等信息，然后进行多维度的比较分析。除了单纯对比价格，还须考量供应商的信誉、交货期、产品质量稳定性等因素。比如在采购办公设备时，不能仅依据价格最低来选择供应商，而是综合各方面条件，权衡利弊后确定一个既能满足需求，又具备成本效益的价格区间，以此作为预算制定的重要参考。

细化分析法（Detailed Analysis，D）：对成本进行细致分解，深入探究成本构成的真实性与合理性。一方面，参考过往类似采购项目的历史数据，分析成本变化趋势；另一方面，结合多方比价结果，详细核算各项成本明细。例如，在采购大型机械设备时，将设备价格、运输费用、安装调试费用、售后服务费用等逐一拆分核算，评估每一项成本的合理性。基于这些综合分析，最终确定一个相对准确、科学合理的采购预算。

4.6.3　三点估算，准确估算采购成本

前面介绍了通过 BCD 方法精准估算成本，即运用头脑风暴、比较分析以及细化分析来获取更为真实的数据。然而在实际项目管理中，由于各种复杂因素，常常难以获取到精准且真实的数据，使得 BCD 方法的应用受到一定限制。

此时，三点估算方法便提供了一种极具实用价值的替代方案。三点估算属于基于概率的估算手段，它专门针对数据难以准确获取的情况而设计，综合考虑最乐观、最可能和最悲观这三种情形，从而计算出更合理、更接近实际的预算范围，降低数据不精确或不确定因素带来的风险，

帮助项目管理者在数据不确定的场景中做出更可靠的决策。以下是一个设备采购的实际案例，具体展示如何运用三点估算方法来提升预算的准确性。

【案例】

三点估算，精准预估设备采购成本

假设一家制造企业计划采购一台新型数控车床，用于生产高精度零部件。采购团队通过市场调研、与供应商沟通以及参考以往类似设备的采购经验，收集了关于该设备采购成本的相关信息并估算了相应成本。

确定最乐观成本（O）

最乐观成本是在理想情况下，设备采购可能出现的最低成本。经过与多家供应商的初步洽谈和对市场价格波动的分析，采购团队认为，如果一切顺利，能够以最优惠的价格采购到该数控车床，预计成本为 50 万元。这一价格可能是在供应商促销活动期间或市场竞争非常激烈的情况下，供应商为了争取订单而给出的特别优惠价格。

确定最可能成本（M）

最可能成本是基于对各种因素进行综合考虑后，认为最有可能发生的成本。根据市场的正常价格水平、该设备的平均报价以及以往类似采购项目的经验，采购团队判断，在正常市场条件下，采购这台数控车床最有可能的成本是 60 万元。这一价格反映了当前市场上该类型设备的普遍价格，同时也考虑了供应商的常规利润和正常的市场供需关系。

确定最悲观成本（P）

最悲观成本是在最坏情况下，设备采购可能出现的最高成本。考虑到可能出现的一些不利因素，如原材料价格突然上涨、汇率波动导致进口零部件成本增加、供应商产能不足导致价格上涨等，采购团队预估在最不利的情况下，采购这台数控车床的成本可能会高达 80 万元。

计算三点估算成本

利用三点估算公式，将上述三个成本值代入公式进行计算：

$$估算成本 = (O + 4M + P) \div 6 = (50 + 4 \times 60 + 80) \div 6 \approx 61.67（万元）$$

$$标准差 = (P - O) \div 6 = 5（万元）$$

预算范围 $= 61.67 \pm 5$，即预算范围在 56.67 万元～ 66.67 万元。

通过三点估算方法，该企业可以较为准确地估算出这台新购数控车床的采购成本约为 61.67 万元。在实际制定设备采购预算时，可以以这个估算值为基础，即设 61.67 万元为基准预算，用于财务审批与供应商谈判。根据标准差设定 5 万元为应急储备金，防止成本超支。设定 66.67 万元为预算上限，控制成本。

【案例点评】

该制造企业运用三点估算方法精准预估数控车床采购成本，极具借鉴意义。

采购团队明确最乐观、最可能、最悲观成本，合理运用公式得出估算成本、标准差及预算范围。与以往模糊估算不同，三点估算综合多情景，降低不确定性，让成本预估更清晰准确，为预算制定、谈判及成本控制提供有力依据。

此方法启示我们，在采购中，三点估算能有效整合不确定信息。只要正确运用三点估算，全面收集数据，充分考虑项目特性并客观分析，就能精准预估采购成本，助力合理决策。

同时，使用三点估算时需注意，数据收集要全面深入，根据项目变化及时调整参数，确定成本基于客观分析。实际中可通过咨询专家、市场调研、借鉴过往数据、参考行业报告、组织研讨等获取成本数据，确保估算结果可靠，让三点估算在采购成本预估中发挥更大价值。

4.7 案例研究：CPM/PERT，制订最快的"项目计划"

领导把任务交给你，你就是项目经理。此时，作为项目经理，制订时间进度计划是一项必备的专业技能。然而，如何才能制订出这样一个耗时最短、切实可行的项目计划呢？

CPM 和 PERT 为我们提供了有效的解决方法。它们能够帮助我们科学规划项目进度，合理安排任务，以达到最优的时间利用效率。

接下来，我们将通过一个具体的案例，深入了解如何运用 CPM 和 PERT 来制订高效的项目计划。

小张准备在家举办一场小型聚会，为了让聚会顺利且高效地筹备完成，他决定运用 CPM 和 PERT 来规划整个过程。

项目活动分解

小张把聚会筹备细分为了如下四项主要活动。

确定聚会方案（A）：包括确定聚会主题、参与人员、大致流程等，预计花费 1 天时间。

采购物资（B）：根据聚会方案购买食品、饮料、装饰用品等，预计需要 2 天。

场地布置（C）：对聚会场地进行装饰，摆放桌椅等，预计 1 天完成。

准备食物（D）：烹饪和摆盘聚会所需的食物，预计用时 1 天。

CPM 分析

确定活动顺序和依赖关系：只有先确定聚会方案（A），才能根据方案去采购物资（B）；采购物资（B）完成后，场地布置（C）和准备食物（D）可以同时进行。

计算每个活动的持续时间：各活动的预计时间如上述所示。

确定关键路径：经过分析活动间的逻辑和时间，得出关键路径为：

A–B–C（或 D）。因为 C 和 D 并行，取用时较长的路径，这条关键路径的总持续时间为 1 + 2 + 1 = 4 天，也就意味着这场聚会最短需要 4 天筹备完成。

PERT 分析

考虑到实际筹备中可能存在不确定性，小张用 PERT 做简单评估。以采购物资（B）为例，乐观时间（所有物资都能很快买到）是 1 天，最可能时间是 2 天，悲观时间（遇到物资缺货等情况）是 3 天。使用公式（乐观时间 + 4 × 最可能时间 + 悲观时间）÷ 6 计算期望时间，即（1 + 4×2 + 3）÷ 6 = 2 天。

对关键路径上的其他活动也进行类似估算，得到项目在关键路径上大概的期望总时间。这样小张对筹备时间有了更灵活的预期，知道可能会在 4 天左右完成，但存在一定波动。

优化项目计划

基于 CPM 和 PERT 的分析，小张采取了以优化措施。

- 为采购物资（B）这项关键活动，邀请朋友帮忙一起采购，争取缩短时间到 1 天。
- 提前准备一些简单易做的食物菜谱，让准备食物（D）的过程更高效，确保能在 1 天内完成。
- 加强各项活动间的衔接，比如在确定聚会方案（A）时，就提前列好详细的物资采购清单，节省采购时间。

项目结果

通过运用 CPM 和 PERT 规划并优化筹备过程，小张的聚会筹备工作在 3 天内顺利完成。聚会当天一切顺利，朋友们玩得很开心，小张也觉得这种规划方法让他的筹备工作更有条理、更高效。

【知识回顾与思考】

本章着重探讨了项目规划的多个关键方面，包括设立里程碑、编制 SOW、创建 WBS、制订项目计划及预算等，同时介绍了 CPM 和 PERT 两种实用方法。

设立里程碑能精准定位项目关键节点，助力监控进度；编制 SOW 可清晰划定项目工作边界与要求；创建 WBS 能将项目工作细致分解，便于资源分配与责任落实；制订项目计划须全面考量，合理安排任务顺序和时间；制定预算则要精准预估成本。

以小张筹备聚会为例，他运用 CPM 确定关键路径，用 PERT 评估时间不确定性，经优化使筹备更高效。但此案例也引发思考：若利用 WBS 进一步细化筹备任务，资源分配是否更合理？制定预算时，怎样更精确估算费用？在实际项目中，是否能将里程碑、SOW、WBS、项目计划、预算与 CPM、PERT 有机结合，打造更完善、更高效的项目计划？

Chapter 5
第5章

执行：协调资源，完成任务

　　前面我们强调了"先动脑再动手"的重要性。所谓"先动脑"，就是精心完成项目规划，在头脑中对项目的方方面面进行构思与谋划，确定好每一个关键步骤和细节。当我们在思维层面构建好了项目的雏形，做好了充分的准备后，接下来就需要付出切实的行动，将脑海中的构想转化为现实，而这也就意味着我们正式进入了项目执行这个关键环节。

　　项目执行是把规划落地成真的关键阶段，其核心在于协调资源以完成各项任务。此时，人力、物力、财力等各类资源纷纷就位，被充分整合调动，每项任务都如同齿轮，推动项目向前运转。沟通协作则是让团队高效运转的润滑剂，促使成员紧密配合，发挥出最大的工作效能。

　　不过，项目执行的道路并非一帆风顺，风险时刻相伴。作为项目经理，肩负着带领团队管控风险的重任。项目中的任何细微疏忽，都可能引发像多米诺骨牌一样的连锁反应，阻碍项目的顺利推进。

那么，究竟如何在项目执行过程组中，做好资源协调、沟通协作，有效管控风险，将项目规划从纸上变为现实呢？让我们一同深入探究。

5.1　"魔鬼"藏在细节里

"细节决定成败"这句名言大家耳熟能详，用于项目执行过程非常合适，它精准地诠释了项目执行过程的关键所在。执行过程是将项目规划转化为实际成果的关键阶段，对细节的把控程度直接决定了项目的最终成败。

那么，项目执行过程究竟何时开始、何时结束，其主要任务又有哪些呢？当项目管理计划获得批准，项目团队依据计划着手进行资源分配、开展任务执行、投入产品生产或提供服务等具体工作时，项目执行过程便正式拉开帷幕。规划过程所产出的各类文件，为执行工作提供了清晰的行动指南和标准，是执行工作顺利推进的重要基石。

项目执行过程主要包含三项核心任务：严格依照既定项目计划稳步推进各项具体工作，在确保按时交付、质量达标、成本受控的同时，灵活应对变更与调整；以科学合理为原则对人力、物力、财力及时间等各类资源进行统筹分配，并依据项目实际进展和需求动态实时优化配置，保障任务有序推进；对项目执行中可能出现的各类风险进行全面识别、精准评估，建立严密监控机制，关注风险因素变化，一旦发现风险恶化趋势，立即采取针对性强的有效应对措施，最大限度地降低风险对项目目标的负面影响。

当项目的所有可交付成果均已完成，并通过内部质量检查和初步验收，且计划内的任务全部执行完毕时，项目主体工作结束，这标志着项目执行过程的完结，项目将进入监控和收尾阶段。

执行过程的主要输出成果包括：

- 可交付成果。
- 工作绩效数据。
- 变更请求。
- 项目文档更新。

一家自动化设备制造企业在研发新型智能仓储机器人的项目中，两位采购人员在采购环节的执行情况大相径庭，充分体现了执行细节的重要性。采购专员赵师傅负责采购高精度传感器，这是机器人的关键部件。拿到采购计划后，他没有急于下单。在执行过程中，他仔细核对每一项参数，与研发团队反复沟通确认技术细节。实地考察供应商时，他连生产车间的温度、湿度控制情况都详细了解，还查看了传感器成品的抽检记录。在运输环节，他要求供应商提供特殊的防震包装，并选择可靠的物流，确保传感器在运输中不受损。

另一位新入职的采购专员小周，负责采购机器人的螺丝等标准件。他认为这些标准件很简单，按计划找了家价格低的供应商就下单了。执行时，他没有检查螺丝的材质报告，到货后才发现部分螺丝硬度不够，容易滑丝。在数量清点上也不仔细，少了一些关键规格的螺丝，导致生产线停工等待补货。而且，他没有和仓库沟通好存放方式，螺丝随意堆放，导致部分生锈不能使用，只能重新采购。

赵师傅因执行精细，确保了传感器按时按质交付，保障了项目进度；小周则因忽视细节，不仅增加了成本，还严重延误了项目进度。由此可见，项目执行注重细节，既要严格遵循项目规划，又要充分发挥采购专业能力。

5.2 既要遵循计划，又要应对变化

在项目执行过程，好采购人员须遵循"既严格遵循计划，又要应对变化"的原则，这对项目成功极为关键。

严格遵循计划，是保障项目有序推进的基础。项目计划是前期综合考量各要素制定的行动指南，遵循它能确保采购各环节按既定流程与时间节点完成，如按时完成供应商筛选、合同签订等，使项目稳步向目标迈进。同时，合理的计划能实现资源高效利用，精准分配人力、物力、财力，避免浪费。而且，统一的计划能维持团队协作稳定，让各方明确职责，配合默契，减少沟通成本。

但项目执行难免遇到变化，这就要求采购人员积极应对。一方面，内外部环境随时可能改变，内部需求调整、外部市场波动等都可能影响采购工作，采购人员必须及时响应；另一方面，不及时应对变化，项目目标就可能受损，比如成本超支、进度延误。采购人员通过灵活调整策略，如更换供应商、协商价格等，能让项目重回正轨。此外，积极应对变化还能提升项目抗风险能力，提前识别风险并制定预案，降低风险冲击，保障项目顺利进行。

5.2.1 培养严谨的计划执行习惯

常言道，计划是行动的纲领。在项目执行前，务必对照计划，清晰明确目标、流程以及时间节点，执行过程中更要严格遵循计划，容不得半点马虎。

若想保障计划顺利落地，须从三个关键方面精准发力。其一，精心制订详尽且具实操性的计划，将任务步骤细致分解，明确各环节的起止时间，清晰界定预期成果，确保执行有章可循。其二，合理调配人力、物力、财力等各类资源，明确责任归属，做到事事有人管、人人有专责。

同时，提前做好风险预控，未雨绸缪，将潜在风险扼杀在萌芽状态。其三，紧紧抓住关键要素，精准识别关键人物、关键任务与关键路径，集中资源和精力，确保项目核心工作的高效推进。

此外，计划执行效果的严密跟踪同样不可或缺。搭建定期汇报制度，借助专业工具实时记录进度，及时比对实际执行情况与计划安排。一旦发现问题，迅速采取纠正行动，必要时对计划进行合理调整，让计划始终如一地为项目推进提供有效的指导。

【案例】

老采购"翻车"记：无计划的代价

李华是一家中型制造企业的采购负责人，领导决定上新生产线，采购关键生产设备的重任就落在了李华肩上。

项目启动时，李华觉得时间充裕，没制订详细计划，只是简单列了一下要联系的供应商名单，对设备交付时间、质量标准、预算范围都没有明确规划。他想着先联系供应商，价格和细节到时候再谈。

一开始，事情就不顺利。李华联系的几家供应商，有的报价含糊，有的回复迟缓。因为没有清晰的时间规划，他也没在意这些拖延，没有及时寻找备选供应商。随着时间推移，项目进度已经过去了三分之一，设备采购却还没确定下来。

好不容易选定了一家供应商，签订合同时，李华没有把质量标准、交付时间等关键条款写清楚，合同里只简单提及设备要满足生产需求，对具体性能指标、验收方式和逾期交付的违约责任都没有详细规定。

到了交付时间，供应商送来的设备却出现了严重问题。设备的关键部件尺寸不达标，导致无法正常安装调试，严重影响了生产线的搭建进度。李华找供应商理论，可合同里没有明确质量标准和违约条款，供应商只是敷衍地表示会尽快解决，但行动却很迟缓。

　　与此同时，预算也严重超支。由于前期没有严格的预算控制计划，李华在与供应商谈判时，没能有效控制成本。再加上设备质量问题导致的返工、调试费用，以及为了赶进度临时寻找新供应商产生的额外费用，让采购成本大幅攀升，超出预算 50%。

　　在整个项目过程中，李华没有建立有效的跟踪机制。他没有定期检查项目进度，也没有关注设备的生产情况，直到问题出现才发现项目已经陷入困境。

　　新生产线原计划在三个月内投入使用，由于设备交付延迟和质量问题，最终推迟了半年才开始试运行。这不仅让企业错过了最佳的市场推广期，还增加了大量的运营成本。此外，客户订单无法按时交付，企业声誉受损，后续订单量大幅减少。

【案例点评】

　　在这个设备采购项目中，由于缺乏科学规划与严格执行，一系列问题接踵而至，最终导致项目陷入困境，给企业带来巨大损失。从项目管理的角度深入剖析，主要存在以下关键问题。

　　计划制订不完善：项目启动过程，没有明确采购目标、关键时间节点、质量标准以及预算限制。这使得项目在执行过程中缺乏明确的方向和衡量标准，为后续的混乱局面埋下了隐患。

　　计划执行随意：在执行过程中，对供应商的拖延和模糊报价未采取有效措施，忽视了对合同关键条款的明确，对项目进度和质量的把控严重缺失。这反映出他在项目执行过程中，没有严格按照规范流程推进，缺乏严谨的工作态度。

　　缺乏跟踪与监控机制：整个项目期间，没有建立有效的跟踪机制，未能及时发现和解决问题，使得问题逐渐积累，最终对项目造成严重影响。

5.2.2　用计划管住变化，以不变应万变

前面我们强调了严谨执行计划的重要性。然而在实际项目执行中，常常会出现"计划赶不上变化"的情况。执行过程中总是会遭遇各种各样的状况，使得我们不得不对原计划做出改变。那么，如何在变化频出的情况下，依旧让计划发挥作用，实现以不变应万变，用计划有效管住变化呢？这就需要我们从计划的刚性执行、弹性设置以及对需求方的合理引导三个关键方面入手，找到应对之策。

1. 坚守计划刚性，严格落地执行

计划一旦确定，就具备权威性和严肃性，应成为项目推进的核心准则。在执行过程，全体项目成员必须严格按照计划开展工作，杜绝随意更改计划内容或拖延进度的现象。每个任务的责任人都要明确自身职责，依据既定的时间节点和交付标准，高效完成任务。例如在采购项目中，从供应商寻源、招标，到合同签订、货物验收等环节，都必须严格按照计划流程和时间安排推进，不得擅自跳过或延迟某个环节，以保证项目整体的有序性和连贯性。

2. 预留弹性空间，灵活应对变化

尽管计划须刚性执行，但也不能忽视外部环境的不确定性。因此，计划必须具备一定弹性，以适应可能出现的变化。

（1）设置缓冲时间：在关键任务和项目总工期中预留适当的缓冲时间，用来应对诸如原材料供应延迟、设备突发故障、不可抗力等意外情况。例如在制订生产物料采购计划时，考虑到运输途中可能遭遇恶劣天气、交通管制等因素，为运输环节预留 2 ~ 3 天的缓冲时间，避免因小的意外导致整个项目进度延误。

（2）资源灵活调配：在资源配置上，合理规划人力、物力、财力，预留部分机动资源。当变化发生时，能够迅速调配这些资源，满足项目需求。比如在采购旺季，提前预留一定比例的资金，用于应对紧急采购或支付加急费用，确保物资按时供应；同时，储备一些多技能人员，以便在某个岗位人员不足时能够及时补位。

（3）制订备选方案：针对可能出现的重大变化，提前制订详尽的备选方案。例如，确定备用供应商，当主要供应商出现生产事故、破产等情况时，能立即切换到备用供应商，保障物资供应；准备替代技术方案，当原技术方案遇到难以攻克的难题或政策法规调整无法实施时，及时启用替代方案，保证项目的连续性和稳定性。

3. 积极引导需求，降低变化影响

需求方的需求变动往往是导致项目计划变更的重要因素之一。因此，要积极主动地引导需求方，使其尽量按照原计划执行。

（1）加强沟通交流：在项目前期，与需求方进行充分沟通，深入了解其需求和期望，确保计划制订符合需求方的核心利益。在项目执行过程中，定期与需求方交流项目进展，及时解答疑问，增强需求方对项目计划的信任和认可。

（2）提供数据支撑：当需求方提出变更需求时，以客观的数据和事实为依据，向其详细分析变更可能带来的成本增加、进度延迟、质量风险等影响，让需求方全面了解变更的后果，从而谨慎做出决策。例如，通过成本效益分析、进度模拟等方式，直观展示需求变更对项目的影响，引导需求方在提出变更时更加理性。

（3）寻求替代方案：如果需求方坚持变更需求，须积极与需求方探讨，寻求既能满足需求又能尽量减少对原计划产生影响的替代方案。例如在产品设计项目中，需求方提出新的功能需求，通过与设计团队、技

术专家合作，寻找在不改变整体架构和主要流程的前提下实现新功能的方法，将需求变更对计划的影响降到最低。

5.2.3 五个执行，确保供应商按时交付

在项目执行中，我们既要严格按照计划推进，又得灵活应对各种变化。在采购实际工作里，最大的变化是供应商能否准时交付。一旦供应商无法按时交付，将会给整个项目带来极大的不确定性，严重影响项目的进度和预期成果。

因此，在项目执行阶段，确保供应商按时交付就成了一项至关重要的任务。那究竟如何保障供应商准时交付呢？我们可以从"可执行、能执行、愿执行、必执行和监督执行"这五个维度入手，构建一个完整且有效的交付保障体系，全方位为项目的顺利推进保驾护航。

1.可执行：科学规划交付时间

设定合理的交付周期是确保按时交付的第一步。采购方要深入了解产品从原材料采购、生产加工、质量检测到包装运输等各环节所需时间，参考行业平均水平，结合供应商过往交付记录和本批次订单实际情况，制定交付时间表。比如采购常规手机配件，从原材料采购到成品出厂正常需要 15 天，运输需要 3 天，交付周期可设为 20 天左右，既满足项目进度，又给予供应商足够的生产时间。

2.能执行：协同供应商优化产能

供应商的生产能力是按时交付的基础。采购方需全面评估其制造能力和当前产能，考察设备、技术、员工数量等硬件条件，分析订单任务与产能的匹配度。接到大型订单时，与供应商梳理生产计划，根据设备运行、员工排班合理安排进度。若产能紧张，可协商调整生产顺序，或

临时增加设备、人力，确保订单按时完成。

3. 愿执行：增强供应商合作意愿

建立良好合作关系，提升供应商合作意愿对按时交付很关键。采购方要做优质客户，付款环节严格遵守合同约定，按时支付货款，增强供应商资金的流动性。保持沟通顺畅，及时解答疑问、反馈需求变化。给予供应商合理利润空间，对表现优秀的供应商进行奖励，如增加订单量、给出优惠条款，激励其积极交付。

4. 必执行：合同约束明确交付责任

把按时交付要求写入合同，制定违约条款，是交付的法律保障。合同明确交付时间、地点、数量、质量标准等，规定未按时交付的违约责任，如支付违约金、赔偿损失。当供应商违约时，采购方可依法追究责任，促使其严格按合同交付。

5. 监督执行：实地监督把控交付进度

交付过程中，采购方对重要订单或高风险项目要适当监督。定期到供应商生产现场，检查生产进度、质量控制和原材料库存情况，及时发现并解决影响交付的问题。若发现插单、工艺变更等情况，及时沟通协调，确保按原计划执行。

通过协同这五个执行维度，从交付周期设定、产能挖掘、合作关系维护、合同约束到现场监督落实，全方位保障供应商按时交付，为采购项目成功奠定基础。

5.2.4 质量控制，希望一次就做对

在项目执行阶段，充满着各种不确定性，但交付时间和质量是两个

最大的不确定性。如果供应商所提供的产品出现质量问题，不仅会打乱项目的正常节奏，更会严重影响项目的整体进度，增加项目的成本与风险。

就采购项目管理而言，质量管理是核心环节，直接决定着项目的成败。所以，在项目执行过程中，加强质量控制势在必行，必须让供应商切实做到"一次做对"，从根本上保证产品质量。

要实现这一目标，首要任务是审慎筛选合适的供应商，这是保障质量的前提条件。若有必要，还需要对供应商的工厂开展质量培训与辅导，提升其质量管控能力。同时，建立健全质量激励与惩罚机制，奖优罚劣，充分调动供应商保证质量的积极性。

此外，我们还可以借助项目管理中科学有效的质量管理方法，对产品质量进行全方位、全过程的严格把控，为项目的顺利实施和目标达成提供坚实保障。

要保证供应商"一次做对"，需要重点做好以下几件事。

（1）做好全面技术交底：采购项目涉及的技术细节繁多，做好技术交底是基础。实践中，很多时候没有做好技术交底，各方对质量标准理解不一。一方面，要在项目团队内部开展深入的技术评审，确保团队成员对项目技术要求理解一致；另一方面，要以多种形式与供应商进行技术交底，如组织技术研讨会、提供详细的技术文档等。在交底过程中，不仅要清晰传达技术标准、规格等要求，还要建立遇到问题时深度交流的机制。例如，当供应商对某些技术要点存在疑问时，能够及时组织双方技术人员进行研讨，共同寻找解决方案，避免因技术理解偏差导致质量问题。

（2）强化过程质量控制：建立完善的质量管控体系，明确质量管控点是关键。有好的过程控制才会有好的项目结果。在项目执行过程中，根据项目特点和质量要求，合理设置质量管控点，如原材料采购检验、关键生产工序监控等，应定期对这些管控点进行检查，确保各项质量要求得到落实。此外，必要时开展飞行检查，以不预先通知的方式对供应商的生产过程和质量控制情况进行突击检查，及时发现潜在的质量隐患。通过这种定期检查与飞行检查相结合的方式，对供应商的生产过程进行全方位监督，保障产品质量。

（3）确定清晰检验方式：提前明确检验标准，让供应商清楚知晓产品需要达到的质量水平。有些质量问题，是由于大家对检验标准理解不一造成的。在检验过程中，应邀请供应商共同参与，共同确定检验方法和检验标准，确保检验过程的公正性和透明度。对于一些重要的产品或关键指标，可以采取留样封存的方式，以便在出现质量争议时进行复查和追溯。例如，在采购一批电子产品时，对抽检的样品进行留样封存，并详细记录样品的相关信息，为后续可能的质量追溯提供依据。通过这些明确的检验方式，可以确保产品质量符合要求，实现供应商"一次做对"的目标。

5.3　调配资源，对症下药

在项目管理领域中，资源调配工作恰似医生开方治病，精准与对症是重中之重。

项目经理的首要任务，便是对项目进行全面"诊断"，深入洞察项目的需求、目标、存在的瓶颈以及面临的挑战。这就如同医生在开方前详细了解病人的症状、病史和身体各项指标一样。只有基于对项目的透彻理解，项目经理才能合理"开方"，也就是制订出契合项目实际的资源调配计划。这个计划要确保人力、物力、财力等资源按需分配，既不过度投入造成浪费，也不短缺导致项目推进受阻，做到恰到好处。这与医生根据病人病情精准控制药量的道理如出一辙。

资源调配完成后，项目经理还要时刻关注项目的"病情"发展，即密切监控资源的使用情况和项目的进展。一旦发现资源调配不合理，或者项目偏离了预定轨道，就应及时调整"药方"，以保障项目能够顺利推进。这就好比医生定期为病人复诊，根据病人的恢复状况灵活调整治疗方案。

简而言之，"调配资源，对症下药"是项目经理在项目管理中必须坚守的关键原则。只有遵循这一原则，才能确保项目高效、顺畅地开展，最终实现预期目标。

在项目执行过程中，优秀的采购人员若想做到调配资源、对症下药，关键在于优化资源配置，精准识别资源缺口，并果断地对各类资源进行合理调配。

5.3.1　优化资源配置

在项目管理中，资源是关键的约束条件之一，恰似一场长途旅行中所携带的物资，总量有限，却对行程的顺利与否起着决定性作用。对于采购人员或采购项目经理而言，"调配资源，对症下药"是必备的核心技能，而优化资源配置更是重中之重，其关键就在于让有限的资源释放出最大的效能。

具体该如何实施呢？可以从三个关键方面入手：其一，优化资源配置，凭借科学合理的手段，对人力、物力、财力等资源进行统筹规划与安排，最大限度地避免资源的闲置与浪费；其二，聚焦关键节点，精准识别项目里的关键任务和重要时间节点，将资源有的放矢地重点投入到这些核心环节，全力保障项目核心目标的达成；其三，严守使用规范，制定并遵循严谨细致的资源使用标准与流程，加强对资源使用全过程的监督与管理，切实保障资源使用的合规性与透明性。

1. 优化资源配置，释放最大潜能

（1）全面资源评估：对项目所涉及的人力、物力、财力等资源进行全面清查盘点。不仅要明确资源的数量，如人员的数量、设备的台数、资金的数额，还要深入了解其质量，如人员的技能水平、设备的性能状况以及资源的特性等。在此基础上，仔细评估这些资源与项目目标、各项任务的适配程度，为后续合理分配提供依据。

（2）精确分配计划：以项目计划和任务分解结构为蓝本，精确计算各任务所需的资源种类和数量。制订详细的资源分配计划，将各类资源精准分配到各个工作包，确保资源分配既满足任务需求，又不会造成过度冗余。

（3）动态灵活调整：项目执行过程中，保持对资源使用情况的实时监控。依据实际进度和任务的动态变化，及时对资源分配进行调整。当某个任务提前完成或出现延误时，相应地调配资源，避免资源闲置浪费或供应不足影响项目进度的情况发生。

2. 聚焦关键节点，实现精准投入

（1）精准识别关键：借助关键路径法等专业工具，深入分析项目计划。准确找出那些对项目工期和质量起着决定性影响的关键任务和节点，比如研发项目中技术难题的攻克、工程项目里重要交付物的完成节点等。

（2）全力资源保障：为识别出的关键节点配备最优质的人力资源，安排经验丰富、技术精湛的人员负责关键工作；提供充足的资金支持，保障关键任务不受资金短缺的制约；配备先进的物资设备，提升关键工作的效率和质量，确保关键工作顺利推进。

（3）强化监控管理：对关键节点实施重点监控，增加检查的频率，及时掌握任务进展情况。建立快速响应机制，一旦关键节点出现问题，

能够迅速采取解决措施，防止关键路径延误，进而保障项目整体进度。

3.严守使用规范，确保合规有序

（1）健全规章制度：依据项目章程和预算要求，制定详尽的资源使用规章制度。明确资源申请的流程，规定审批的权限和标准，规范使用的方式和范围，以及结算的程序等，使资源使用的每一个环节都有章可循。

（2）加强培训教育：组织项目成员参加资源使用规范培训，通过案例分析、理论讲解等方式，提高成员的合规意识。确保每一位成员都清晰了解资源使用的要求和标准，从思想上杜绝违规行为的发生。

（3）严格监督审计：成立专门的监督小组，定期对资源使用情况进行审计。检查资源是否按照规定的流程和用途使用，对违规挪用、浪费资源等行为严肃处理。同时，将审计结果与绩效考核挂钩，激励成员遵守资源使用规范。

5.3.2　识别资源缺口

资源总是有限的，在项目执行全程，需要紧密跟踪项目进度与资源消耗态势，运用数据分析工具，结合过往项目经验，提前敏锐察觉潜在的资源短缺风险。一旦捕捉到资源短缺的蛛丝马迹，马上开展全方位评估，精准确定短缺资源的类别、数量以及需求的紧急程度。例如，当物资采购进度滞后，可能阻碍项目整体推进时，要精确核算为追赶进度所需额外投入的人力、物力以及可能新增的资金成本，为后续资源调配提供精确的数据支撑。

在采购工作中，不同项目角色会面临不同的资源调配难题，以下是三种典型情境及应对方案。

1. 新产品开发项目：供应商产能不足

情境描述：在新产品开发项目中，采购人员作为项目团队的重要一员，在项目步入零部件交付关键期时，合作供应商因订单暴增，自身产能饱和，无法按计划为项目足额供应零部件。这极有可能致使生产线被迫停工，新产品上市时间延迟，给整个项目进度带来严重打击。

应对措施：采购人员须即刻评估对项目的影响程度。一方面，与供应商紧急磋商，晓之以理、动之以情，争取供应商优先保障本项目供应，如调整生产排班、增设临时生产班次；另一方面，迅速在市场上搜寻其他具备相应生产能力的潜在供应商，从生产工艺、质量把控、交货周期等多维度对其快速评估。若找到合适的备选供应商，及时协调资源启动小批量试生产，确保项目零部件供应不断档，项目顺利推进。

2. 设备采购项目：预算超支

情境描述：在设备采购项目里，采购人员担任设备经理或主要负责人。采购期间，因设备选型变更、市场价格大幅波动或前期预算预估偏差等因素，采购成本超出了初始预算。这将导致项目出现资金缺口，影响设备采购进度以及相关配套设施建设，项目推进受阻。

应对措施：采购人员要第一时间重新梳理预算超支的具体项目和背后原因。如果是设备选型变更导致的，及时与需求部门和技术人员沟通，共同评估变更的必要性，探讨能否在满足项目需求的基础上，调回原选型或者选用性价比更高的替代方案。若是市场价格波动所致，积极与供应商展开谈判，争取更优惠的价格，或者寻找可替代的品牌。同时，及时向公司管理层如实汇报超支情况，申请额外预算支持，或者协商调整项目其他部分的资金分配，保障设备采购顺利进行。

3. 管理改善项目：关键人员离职

情境描述：在管理改善项目中，采购人员担任项目经理。项目推进到关键阶段时，负责核心模块工作的关键人员突然离职，使相关工作陷入停滞，项目进度严重滞后，团队士气受挫，甚至让项目面临失败风险。

应对措施：采购人员须立刻与离职人员沟通，全力争取其做好工作交接，保证关键信息不丢失。同时，快速评估该人员的工作对项目的重要性和紧急程度。若团队内部有合适人员接手，马上组织培训和工作交接，调配资源助力其尽快上手。若内部无人能胜任，立即启动外部招聘，联系专业招聘机构或在各大招聘平台发布信息，筛选合适候选人。在此期间，合理调整项目计划，优先保障其他不受影响的工作有序开展，最大限度地降低关键人员离职对项目整体进度的负面影响。

5.3.3 果敢调配资源

发现资源缺口怎么办？当然要调配资源，作为项目经理，要及时动员一切可以动员的力量，获取一切可以获取的资源，完成项目目标。

在采购工作中，优秀的采购人员必须具备强烈的资源调配意识和出色的调配能力。一旦确认资源短缺或者任务需求出现变化，就要积极主动地对一切可利用资源进行调配。所以，我这里特意用了"果敢"这个说法，因为实践中，很多采购人员不懂得、不善于、不敢于调配资源。

一方面，要善于深挖内部资源潜力，灵活地在不同采购任务之间调配人力和物力。比如，在某一采购任务因紧急情况需要支援时，可从其他非紧急采购任务中抽调经验丰富的人员，调配多余的设备或物资，以解燃眉之急。另一方面，也要有借助外部力量的勇气。可以向领导申请协调更多资源，与其他部门协商借用资源，还可以与供应商沟通，争取更有利的供应条件。例如，当面临突发的采购需求而内部库存不足时，要果断协调增加采购量，必要时借助领导的影响力，确保紧急采购任务顺利完成。

但是，作为项目经理，责大权小，怎么调配资源呢？要具备向上领导力，借助上级力量；展示横向领导力，获取跨部门支持；展示专业能力，获取他人支持。

【案例】

当领导说"我不管，你自己想办法"之后

明明是一家制造企业的采购主管，公司新生产线的进口设备采购任务交到了他手上。这批设备对新生产线按时投产意义重大，关乎公司发展。

明明迅速组建团队开展工作，可刚启动就遭遇"晴天霹雳"。原本谈好的国外供应商突然告知，因原材料短缺和当地政策调整，交货期要推迟三个月，且设备价格上涨 20%。新生产线投产时间早已确定，这一变动会导致项目延期，给公司带来巨大损失。

明明急忙向领导汇报，没想到领导只回了句："我不管，你自己想办法。"巨大压力下，明明明白必须迎难而上。

他先冷静梳理可调动的资源。从内部入手，召集技术、生产、财务等部门骨干开会。技术部门提出，可优化设备技术参数，在不影响生产的前提下放宽部分非关键指标，以便寻找替代供应商；生产部门主动调整生产计划，保障新设备安装调试的人力和场地；财务部门也表示会重新核算成本，给予预算一定的灵活性。

内部达成共识后，明明将目光转向外部。他通过行业采购联盟线上平台发布紧急采购需求，同行很快分享了一家欧洲供应商信息，该供应商经验丰富且产能充足。但新问题出现了，对方因对明明公司了解少，

不愿承接订单。明明立刻求助行业内有影响力的前辈，在前辈的帮助下，双方建立了初步信任。

随后，明明带领团队与新供应商谈判。谈判很艰难，对方对价格坚持不让步，交货期也仅愿提前半个月。明明利用财务给予的预算灵活性，提出增加订单量。经多轮谈判，明明成功地让新供应商在价格上做出了让步，交货期提前了一个月。

在设备运输环节，明明联系长期合作的物流商，说明紧急情况。物流商被诚意打动，调配优质运输资源，采用海陆联运加急方案，确保设备按时抵达。

最终，在大家齐心协力下，设备按时交付并顺利安装调试，新生产线如期投产，成功化解了这场危机。

【案例点评】

明明在进口设备采购难题面前，展现出了卓越的资源调动与问题解决能力。

当供应商变故致交货延迟、价格上涨，领导又要求自行解决时，明明没有退缩。他先从内部入手，召集多部门骨干协调，各部门配合提出优化方案、调整计划、灵活预算，为解决问题奠定了基础。

外部方面，通过行业平台获取新供应商信息，借助行业前辈人脉建立信任，与新供应商谈判时，利用预算灵活性和增加订单量争取到价格让步与交货期提前。在运输环节，凭借诚意说服物流商调配优质资源。

最终，明明成功确保设备按时交付投产。此案例表明，采购工作面临困境时，充分挖掘内外部资源、协调各方力量是关键。明明在艰难处境下积极应对，展现出的担当和能力，不仅保障了项目顺利推进，也为自己积累了宝贵经验，值得借鉴。

5.4　沟通协作，拉通纵横

在项目管理中，"沟通协作，拉通纵横"是项目走向成功的关键密钥。管理学中有句名言："管理就是沟通、沟通、再沟通"，与项目干系人保持良好沟通，既能明晰并对齐需求，又能携手发现和解决问题。在项目执行阶段，沟通协作的重要性不言而喻，它就像一根线，将项目各环节紧密串联，让项目运作流畅无阻。

沟通协作作为项目管理的核心，包括团队内部成员间的交流以及与外部干系人的合作。所谓"拉通纵横"，即沟通时既要重视上下级间的纵向信息传递，也要关注平级部门或团队间的横向协作交流。通过打破沟通壁垒，实现信息共享与资源整合，提升项目执行效率与团队战斗力。

沟通是项目的"润滑剂"。成员间坦诚交流，可以理解彼此需求，及时化解问题，防止因信息不畅导致项目偏离轨道。例如每日站会，可快速同步工作进展、交流问题，促进信息流通。

协作则是项目的"助推器"。成员明确分工，发挥所长，紧密配合，形成强大合力，推动项目前行，如同接力赛中选手各司其职又无缝衔接。

拉通纵横是沟通协作的"升级版"，不仅追求高效沟通协作，更强调项目各环节的有机融合，使项目从策划到收尾各阶段紧密相连，呈现完美成果。

对于项目执行中的优秀采购人员而言，若想实现有效沟通协作、拉通纵横，需要构建干系人沟通矩阵，着力打造协同团队，尤其要积极主动，着力化解干系人之间的冲突和目标之间的冲突。

5.4.1　搭建沟通矩阵，对齐干系人要求

好采购需要深谙项目管理之道。当领导将任务交付于你时，你便肩负起了项目经理的职责。作为项目经理，沟通协作、拉通纵横是必备技

能。若想达成高效的沟通协作与拉通纵横，搭建沟通矩阵至关重要，以此对齐各干系人之间的信息、认知以及期望和要求，确保项目顺利推进。

干系人多元，沟通渠道也需要多元，以确保沟通的效率和效果。在项目管理中，构建多元沟通渠道是保障项目顺利推进的关键，能确保信息在各干系人之间准确、及时地流通。具体可从以下方面着手。

1. 构建多元沟通渠道

搭建多样化的沟通平台，将正式与非正式渠道相结合，以此保障信息的畅通。正式渠道如定期开展的项目会议，能同步采购进度、协调资源，让团队成员对项目全貌有清晰认知。例如在采购项目中，每周的例会可让成员汇报工作进展，共同商讨资源调配问题。非正式渠道如即时通讯群组，方便成员随时交流突发问题，快速应对项目中的紧急状况。通过这些渠道，保证采购团队内部、团队与其他部门及供应商之间的信息传递及时、准确。同时，根据不同干系人的特点与需求，灵活选择合适的沟通方式。向高层汇报时，采用简洁明了的报告突出重点；与技术人员沟通技术细节时，可通过面对面交流或线上研讨会深入探讨，确保信息理解一致。

2. 搭建沟通矩阵框架

（1）精准识别干系人：全面梳理项目各层面和环节的所有相关个人和团队。项目发起人掌握关键决策权和资源调配权；项目经理负责整体规划与执行；团队成员承担具体任务；供应商提供物资与服务；客户是成果使用者和验收者；还有监管部门、合作伙伴等，他们的意见和需求都会影响项目。

（2）创建沟通矩阵表：以表格形式构建沟通矩阵，将信息发送者设为行，接收者设为列。在对应单元格中填入沟通内容，标注沟通频率和方式。如项目经理每周向团队成员发一次工作任务分配邮件，都在矩阵表中明确记录。

3. 明确沟通关键要素

（1）确定沟通内容：依据每类干系人在项目中的角色与职责，明确其需要获取和提供的信息。如项目发起人关注战略方向、重大风险，团队成员关心工作分配、技术要求，供应商了解订单需求等。

（2）定义沟通频率：根据项目特性和干系人需求规划沟通频率。进度紧张的项目，与核心团队成员每日简短沟通，与供应商每周沟通供货情况；稳定项目每月向发起人、客户汇报项目状态。

（3）选择沟通渠道：根据沟通内容和紧急程度选择合适渠道。如面对面会议适合复杂问题决策，电话沟通解决简单问题，电子邮件传递正式文件，项目管理软件实时共享信息。

（4）明确责任与期限：为每个沟通任务指定责任人，设置截止日期。如项目周报由项目经理负责，要求团队成员每周五下班前提交工作进展报告，保障信息及时传递并处理。

5.4.2　管理多样团队，巧妙说服研发人员

作为项目经理或采购人员，所带领的团队类型丰富多样。在网络时代背景下，虚拟团队、分布式团队以及自组织团队等新型团队层出不穷。面对这些不同组织形式的团队，如何有效管理与协作是一大挑战。

此外，研发人员常常是采购项目团队中的重要成员。然而，由于研发人员往往认为采购人员不懂专业，较为固执且坚持己见，在项目推进过程中，如何说服研发人员，让双方达成共识、协同合作，也就成了摆在项目经理和采购人面前的一道难题。

1. 因"队"施策，科学管理

不同类型的团队各具特点，因此项目经理需要依据其特性来管理采购任务。

（1）自组织团队：自组织团队的成员能够自主协调、相互协作，自主性较高。在管理这类团队时，项目经理须与成员共同明确采购任务的目标以及质量标准，例如确定采购预算和交付时间等关键要素。同时，要为团队提供充足的资源支持，积极协调内外部关系，及时解决成员遇到的困难。此外，还应赋予团队充分的决策权，鼓励成员提出创新的想法和方案，并对有价值的创新给予奖励。通过定期组织会议和保持沟通，实时掌握项目进展情况，并给予针对性的指导。

（2）虚拟团队：虚拟团队的成员分布较为分散，主要依靠信息技术进行沟通协作。对于这类团队，项目经理首先要选择合适的沟通工具，并制订规律的沟通计划。明确每位成员在采购任务中的职责，通过组织多样化的线上团建活动来增强团队的凝聚力。将采购任务细化分解，设定清晰的目标和时间节点，并运用项目管理工具对任务进度进行实时跟踪。

（3）分布式团队：分布式团队的成员跨越不同的地域、时区，甚至有着不同的文化背景。面对这样的团队，项目经理需要充分了解成员之间的差异，制定灵活的管理策略。根据成员所在的不同时区，合理安排工作任务和沟通时间，并建立有效的工作交接机制。搭建共享知识库，促进团队成员之间的知识共享，在条件允许的情况下，安排成员进行实地交流，以增进彼此之间的信任和了解。

2. 说服研发人员，讲究方法

在采购工作推进过程中，与研发人员有效沟通的意义重大却困难重重。研发人员因专注技术，往往坚持自身观点，且常对采购人员有"不懂技术"的刻板印象，这不仅易引发双方矛盾，更可能阻碍项目进度。

采购人员若要成功说服研发人员，须全方位发力：充分准备，主动学习技术知识、明确采购目标、收集市场信息，搭建沟通桥梁；选对沟通方式与时机，营造开放氛围，用数据说话并倾听研发人员诉求；提供多元解决方案，兼顾技术与成本以及供货稳定性，整合多方资源；解决冲突并建立长期合作，冷静处理分歧，日常注重建立信任。如此，方能打破壁垒，实现采购人员与研发人员的协同合作，推动项目顺利开展。

【案例】

作为采购代表，明明是怎么说服研发人员的

明明是公司的采购代表，加入了全新智能手机的研发项目团队。研发团队的核心成员李工在业内是出了名的技术"大拿"，对产品技术有着极高的要求和独特的见解。

项目里，李工坚持选用国外顶尖品牌的最新款摄像头，他认为这款摄像头像素水平和成像技术领先，能让手机拍照质量大幅提升，助力新产品在市场竞争中脱颖而出。

明明却很发愁，经多轮调研与供应商洽谈，他发现这款摄像头采购价格是普通摄像头的三倍，供货周期长达三个月，远超项目预期的一个月，而且供应商售后服务响应慢，一旦出现质量问题，产品生产进度会受到严重影响。

第一次沟通，明明拿着成本分析和市场调研报告找李工，诚恳地说："李工，我理解您对技术的高要求，可这款摄像头成本太高，供货时间太长，会压缩手机的利润空间，影响上市计划。"李工却皱眉回应："产品质量才是核心，成本和供货时间可以想办法解决。"首次沟通失败。

明明没放弃，他意识到要说服李工，得从技术和市场的结合点入手。

他花一周时间研究摄像技术、走访专家，联系三家国内供应商要技术方案和样品，还请市场调研团队做用户需求分析报告。结果显示，目标用户看重拍照质量，也对价格敏感，高价会让很多潜在客户放弃购买。

第二次沟通，明明带上准备好的资料。他先展示国内供应商样品的拍摄效果，虽略逊于李工选的那款，但也达到了中高端水平，他说："李工，这些产品能满足大部分用户需求，成本是国外品牌的1/3，供货周期可缩短到2周，售后服务24小时响应。"明明又拿出市场调研报告说："目标用户对价格敏感，高价会让我们失去很多潜在客户。"

李工态度开始松动但仍犹豫："成像细节还是差些，可能影响该款手机的高端定位。"明明接着说："供应商承诺针对需求优化技术，一个月内出更优方案，我们还可以优化软件算法提升成像效果。"

一番讨论后，李工终于被说服："明明，之前是我太执着，你让我看到了项目全局，确实要综合考虑成本、供货和市场需求。"

最终项目选用国内供应商方案，供应商兑现承诺，优化技术、配合软件算法提升成像效果。新产品顺利上市，并凭出色性价比获得了良好的市场反响。

【案例点评】

在该案例中，采购代表明明成功说服研发人员李工，其方法值得借鉴。

首先，明明在首次沟通失败后做足功课，深入研究摄像技术，收集国内供应商方案、样品，还获取了用户需求报告，用数据武装自己。

其次，他找准切入点，从技术与市场结合处发力，强调国内供应商的产品虽技术稍逊，但能满足多数用户需求，且成本低、供货快、售后好，平衡了技术与项目其他关键要素。

再次，面对李工的质疑，明明积极给出解决方案，如供应商优化技术、优化软件算法提升成像效果等。

最后，沟通时明明态度诚恳，尊重李工对技术的追求，不以对立姿态交流。明明凭借充分准备、精准切入、积极应对和良好态度说服了李工，展现了采购人员在项目中协调资源、平衡利益的关键作用。

5.4.3　学会开会，工作不累

在职场中，会议似乎成了工作的常态，一个接着一个。在项目管理领域，会议无疑是推动工作的重要工具。然而，"议而不决、争论不休"以及"陪会"等现象十分普遍，极大地阻碍了工作效率的提升和决策的推进。若想摆脱这些困境，提升工作效能，掌握科学的会议方法刻不容缓。我一直坚信，想要成为一名优秀的项目经理，首先得学会开好会。

1. 攻克"议而不决、争论不休"的难题

会议效率低下，往往源于目标模糊。当会议目标和议程不清晰时，参会者就难以抓住重点，讨论很容易偏离主题。例如在项目进度会议上，若没有明确要解决的具体问题，大家就可能陷入无意义的泛泛而谈。此外，参会人员角色不明、职责不清，也会严重影响会议的节奏和决策质量。要是没有指定主持人来把控会议进程，没有记录员来准确记录内容，会议很容易陷入混乱。再者，缺乏既定的决策流程，会让大家各执一词，难以做出最终决策。比如在讨论时没有明确的表决规则，就容易陷入无休止的争论。而会议结束后，若行动安排不明确，也会导致决议无法有效落地，比如任务没有明确的完成要求和时间节点，执行起来就会出现偏差。

要实现高效的会议管理，需要做好会前、会中、会后三个阶段的工作。

（1）会前精细筹备：确定清晰、具体且可操作的会议目标，比如"确定项目 A 下一阶段的工作计划，并明确各项任务的负责人和时间节点"。合理规划议程，为每个议题精确分配时间，并明确每个环节的目的和预期结果。同时，明确参会人员的角色，比如主持人负责引导会议进程、控制时间，记录员负责准确记录会议内容和决策结果等。

（2）会中有力把控：运用"停车场"技巧，将与当前议题无关但有价值的想法或问题暂时搁置，防止会议跑题。采用结构化讨论框架，按照问题陈述、原因分析、解决方案提出和评估的顺序进行讨论，让讨论更加有序。建立快速决策机制，比如采用投票表决、少数服从多数或专家意见优先等方式，在规定时间内做出决策。

（3）会后跟进落实：借助行动计划表，详细列出各项行动项、责任人、完成时间和验收标准。利用项目管理工具或定期检查的方式，跟踪任务的执行情况，及时发现问题并采取措施解决。

此外，高效会议还应聚焦核心议题，每次会议最好围绕一两个核心议题展开。同时，要实现高效决策，利用结构化讨论框架和决策机制迅速达成共识，比如通过投票确定方案。会议结束后，要有明确的行动计划，并且要有效跟踪执行、定期检查、汇报进度，确保决议得到落实。必要时，可用邮件、即时通讯等方式替代部分会议，规范流程，提高效率。

2. 规避"陪会"现象

（1）明确参会规则：制定严格的会议管理制度是规避"陪会"的基础。首先，制度须明确规定，关键会议的责任人必须参会，特殊情况换人要提前获批。例如在项目进度会议中，项目经理若无法参会，须提前指定代理人并提交申请。其次，精准邀请成员，依据会议议题，详细分析涉及的领域和职责范围，只邀请直接相关人员。例如，技术方案会议仅邀请技术团队成员、相关产品经理和供应商技术代表。最后，设计紧凑的会议议程，每次会议聚焦一两个核心议题，明确参会者职责，比如营销策划会议专注于某产品促销方案。同时，提前 1 天分发会议背景资料和决策要点，让参会者有充分时间准备。

（2）强化决策授权：强化决策授权贯穿会议始终。在会议邀请中，清晰注明决策事项和权限，并提前与相关人员确认决策能力。重要会议可让领导签署决策授权书。当会议中成员临时换人时，及时询问其决策权限。若新成员无权限，建议改期或让有权限者限时回复。若领导缺席，主动沟通会议重要性，建议授权代表参会。会前与关键决策者充分沟通协调，统一意见。会议结束后，24 小时内发送含决策、行动等内容的会议纪要并抄送领导，定期跟进任务执行情况，借助会议邀请模板、任务管理工具规范会议信息，利用项目管理软件跟踪任务，确保决策落地，有效减少"陪会"现象，提升会议整体效率。

5.4.4　干系人之间冲突，怎么办

在项目推进过程中，发起人、使用人和供应商作为关键的干系人，由于所处地位、看待问题的角度以及各自利益诉求不同，常常会产生冲突。

其中，发起人侧重于追求高性价比，希望能用较低的成本实现更多的项目目标；使用人则将重点放在产品或服务的质量与功能上，一心期望它们能充分满足自身的使用需求；供应商主要以盈利为导向，力图获取可观的利润。

由于各方的利益点和关注点差异明显，这三方之间很容易爆发矛盾。不过，以下这些是能够有效处理干系人之间冲突的实用方法。

1. 沟通协调法

搭建沟通平台：定期组织三方参与启动会、进度汇报会、问题解决

会等，为各方提供正式的交流场合。同时，利用微信群、钉钉群等即时通讯群组以及定期邮件沟通机制，确保项目信息及时传递与共享，使各方随时掌握项目动态。

促进理解与信任：项目经理在沟通中引导各方换位思考，理解彼此的立场和困难。让发起人明白使用人对质量的严格要求关乎项目最终效果，让使用人体会发起人控制成本的压力，也让供应商知晓项目整体目标对各方的重要性，以此增强信任，减少猜疑。

及时化解矛盾：一旦发现潜在冲突迹象，项目经理应及时介入，引导各方理性、客观分析问题，找出矛盾点并当场协商解决方案，防止矛盾积累扩大。

2. 需求平衡法

深度挖掘需求：项目经理通过问卷调查、面对面访谈、需求研讨会等方式，与各方深入沟通，全面了解发起人对成本、进度、质量的期望，使用人对产品功能、性能、易用性的需求，以及供应商在成本控制、利润空间、交付能力等方面的情况，为平衡需求提供依据。

寻找利益交集：仔细分析各方需求，找出共同目标和利益点。如发起人期望项目成功交付，实现业务目标，使用人想要获得满足需求的产品，提升效率或品质，供应商希望通过项目盈利并树立口碑，以此为基础协调各方利益。

制订平衡方案：依据利益交集制订具体方案。在保证产品基本质量和功能满足使用人需求的前提下，与供应商协商优化生产工艺、采购渠道等措施降低成本，满足发起人要求，同时保障供应商的利润空间。

3. 机制保障法

引入第三方评估：针对涉及专业技术、市场价格等方面的争议，引入专业的第三方评估机构，如质量检测机构、造价咨询公司等。借助其专业知识和客观标准进行评估，提供准确数据和专业意见，为决策提供支持，使各方基于客观事实协商。

建立冲突解决流程：制定详细的冲突解决流程，明确冲突发生时的处理步骤。如先由各方内部沟通协商，若无法解决则提交项目经理协调，仍未达成一致时成立三方代表组成的仲裁小组裁决，确保冲突解决有序规范。

制定规则与制度：建立项目管理的相关规则和制度，细化合同条款，明确各方的权利和义务，设立奖惩机制。通过明确的规则约束各方行为，保障权益，出现冲突时依规则处理，保证公平公正。

5.4.5 质量、成本与交付之间冲突，怎么办

在项目推进中，质量（Quality）、成本（Cost）与交付（Delivery）这三大目标之间，常常会产生冲突。提升质量需要使用优质材料、增加检测，成本会上升；过度压成本，选低价低质材料或简化流程，质量则难保证。严格控质量，虽能保品质，但易致交付延迟；赶进度忽视质量，又会留隐患。缩短交付时间须增人力物力，成本会增加；控制成本削减资源，可能导致交付延期。

作为采购项目经理，面对质量、成本、交付三大目标冲突，可参考以下方法合理选择。

（1）依据项目战略目标，如苹果手机新品研发为树立高端形象优先保质量，在合理成本范围内适当放宽交付时间。

（2）结合客户需求偏好，像紧急救援物资项目，客户重交付，在确保基本质量前提下优先确保交付，可适当增成本调资源。

（3）考虑资源限制情况，小型创业公司开发软件资金紧张，在确保基本交付质量基础上，优先控成本，可适度延期交付或降低非关键质量标准。

（4）参照市场竞争态势，电子产品市场竞争激烈，为抢先机，优先考虑交付时间，在成本可控前提下适当调整质量标准。

📠【案例】

新能源汽车项目的目标平衡之道

李阳是一家新能源汽车制造企业的采购项目经理，负责新款纯电动汽车零部件采购项目。

项目刚启动，各干系人需求便接踵而至。研发部门为让新车在续航、智能驾驶等方面领先，对零部件质量要求极高。比如，要求电池能量密度高，以增加续航里程；要求智能驾驶芯片运算速度快、精度高，满足复杂路况处理；要求内饰智能交互系统操作流畅、显示清晰。

财务部门出于成本控制和盈利考量，严格要求大幅削减采购成本，尤其对电池、芯片等关键零部件，期望成本降低20%以上。

销售部门鉴于新能源汽车市场竞争激烈且产品周期缩短，急切要求零部件快速交付，希望关键零部件交付期至少缩短一个月，确保新车抢先上市。

质量、成本、交付这三大目标冲突明显，难以兼得。李阳深知，必须找到破局之法。

他立刻组织研发、财务、销售等部门负责人及项目发起人开协调会。会上，李阳展示市场上同类车型的数据与用户反馈，指出过度降成本牺牲质量，新车续航、智能体验会受影响，损害品牌形象；只注重交付忽视质量，售后问题将大增，徒增成本。

经讨论，基于公司打造高品质车、提升品牌形象的战略，大家一致决定优先保障质量。确定质量优先后，李阳与研发部门梳理优化质量标准，区分核心指标与可调整指标。比如在保证电池续航前提下，适当放宽快充速度要求，降低技术成本。

随后，李阳与潜在供应商进行多轮谈判，介绍项目要求、规划及合作前景。最终与实力供应商达成协议，供应商保证质量，通过技术创新和供应链优化降成本，且按时交付。虽部分零部件成本未达财务预期，但在可接受范围内，交付也满足销售需求。

项目执行中，李阳密切监控质量与进度，及时沟通协调。最终，零部件按时按质交付，新车顺利进入组装阶段。

此次经历让李阳明白，面对冲突，明确战略、有效沟通、合理决策是项目成功的关键。

【案例点评】

在新能源汽车零部件采购项目中，李阳成功平衡质量、成本与交付，其关键做法如下。

第一，数据驱动定方向。李阳组织协调会，以市场同类车型的数据和用户反馈为依据，向各部门直观呈现片面追求单一目标的弊端。基于公司战略，确立质量优先的原则，统一团队目标。

第二，优化标准控成本。他与研发部门合作，梳理质量标准，区分核心指标与非核心指标，在保障关键性能（如电池续航）的前提下，合理放宽部分要求（如快充速度），从技术标准层面降低成本。

第三，前景吸引促合作。李阳与潜在供应商进行多轮谈判，介绍项目规划、要求及合作前景，吸引供应商主动通过技术创新和供应链优化，在保证质量的同时降低成本，并确保按时交付。

第四，全程监控保落实。项目执行期间，他密切监控质量与进度，及时沟通协调，确保各项措施有效落实。

通过这些举措，李阳实现了质量、成本与交付的平衡。

5.4.6　领导的要求不合理怎么办

工作中，我们常遇到领导提出高要求甚至不合理要求的情况。领导交代的任务，身为执行者压力巨大，因为这些要求常伴随着时间紧、资源有限等挑战。一旦接手任务，某种程度上我们就肩负起类似项目经理的职责，须推进任务完成。如何妥善处理这类问题，不仅关系到项目推进，还对个人职业发展影响深远。接下来，我们探讨遭遇领导不合理要求时，该如何给出合理的解释。

1. 精准识别不合理要求类型

在采购项目中，领导的不合理要求大致可分为以下几类。

（1）资源类：设定的预算远低于合理水平，比如要求以市场价格的一半采购高端设备，给成本管理和资源分配带来巨大压力。

（2）时间类：要求极短时间内完成采购流程，比如将原本一个月的采购周期压缩到一周，打乱了时间管理计划。

（3）技术类：提出当前技术条件无法实现的功能要求，比如让设备在超技术规格的恶劣环境下满负荷运行，不符合技术规范和质量要求。

（4）合规类：要求绕过正常审批流程直接签合同，忽视招标程序，违反采购规范，带来审计和法律风险。

2. 以合理依据给出针对性解释

（1）资源不足情况：收集多家供应商市场行情数据，严谨估算成本，提供价格参考。提出降低非核心配置、分期采购等替代方案，解释其优化资源配置、控制成本的作用，说明原要求不合理之处。

（2）时间紧迫情况：借助甘特图梳理采购关键路径，找出时间紧张的原因。提出并行工作、外包非核心工作等方案，说明运用快速跟进技术能在确保质量的前提下加快进度，让领导理解原时间要求不切实际。

（3）技术难题情况：提供供应商技术规格书或第三方检测报告，邀内部技术专家评估。基于结果，建议调整设备使用条件或更换不同类型设备，解释确保设备质量符合需求的原因，让领导明白原技术要求无法实现的缘由。

（4）合规风险情况：引用公司采购制度和法律法规，说明违规操作的严重风险。建议采用快速比价等合规流程，既保证合规又提高效率，解释遵循合规流程的重要性。

3.运用沟通技巧辅助解释

许多误解源于沟通不充分，项目管理的十大知识领域中就有沟通管理。

（1）进阶沟通技巧：与领导沟通时，洞察其真实意图，站在领导角度思考，分析其提出不合理要求的原因。优化采购流程，尽量满足各方期望；准备多个备选方案并详细对比分析，为领导决策提供依据；关键决策和会议做好书面记录，便于信息追溯和明确责任。

（2）特殊情况应对：若领导固执己见，采购经理应书面记录指示并留存证据，同步法务或审计部门；若领导要求涉嫌违法，必须明确拒绝，告知法律后果，寻求高层或合规部门支持。

4.遵循原则确保解释有效

（1）避免冲突原则：解释时避免与领导直接冲突，不直接否定要求，用数据和事实引导领导重新评估，维护沟通关系，保障项目推进。

（2）多元方案原则：提供多元备选方案，增加决策灵活性，让领导全面权衡利弊，做出合适决策。

（3）自我保护原则：关键决策留下书面记录，防止责任不清，保护自身利益。

（4）坚守底线原则：对违法或严重损害公司利益的要求，坚守原则，坚决拒绝，维护公司和自身合法权益。

领导提出不合理要求，很多时候是信息不对称所致。采购经理熟练运用项目管理专业知识和高效沟通技巧，就能化解难题，实现项目目标与领导期望，推动采购项目顺利开展。

5.4.7　主动沟通，赢得主动

作为项目经理，沟通协作是工作的重中之重，需要兼顾纵向与横向的沟通，确保和各方的交流都精准无误。无论是与团队成员紧密配合，还是与供应商有效对接，抑或是准确领会领导的要求，都离不开良好的沟通能力。

在此，我想着重强调主动沟通的重要性。在实际工作中，不少采购人往往习惯被动接受任务和信息，主动沟通则要求我们积极迈出第一步，提前预判并解决潜在问题，从而掌握工作的主动权。

主动沟通能够打破信息壁垒，促进团队成员之间的高效协作，提升团队的凝聚力和战斗力。在与供应商合作时，主动沟通有助于建立良好的信任关系，保障合作的顺利进行。同时，主动向领导汇报工作进展和成果，能让领导及时了解项目情况，为项目的推进提供有力支持。

可以说，主动沟通是打开成功之门的关键钥匙。在采购项目管理中，凭借主动沟通，能够赢得先机，推动项目稳步迈向成功。

【案例】

三个主动，阿强成为"中国好采购"

阿强是重庆一家大型食品企业的资深采购，以往习惯等上级安排任务，按部就班执行，性格被动，在同事眼中，他踏实却缺乏冲劲。

一次，公司启动全新花椒系列产品开发项目，阿强被任命为项目经理。虽心里没底，但他决心做出成绩。

项目伊始，阿强便意识到主动沟通的重要性。他一改往日被动，主动找到市场调研部门的同事，深入交流消费者对花椒产品的喜好，得知大家不仅追求麻香，还注重健康。随后，他找到研发部门，与技术人员模拟吃火锅场景，热烈探讨如何将需求转化为现实，共同研究不同产地花椒的特点，确定原料采购的高标准。与销售团队交流时，他也详尽了解产品目标市场和销售渠道。一番主动沟通后，阿强整合各部门想法，为项目开了好头，同事对他的印象开始发生转变。

项目推进时，难题出现了。团队成员来自不同部门，本职工作繁忙，对项目精力有限。阿强深知主动跟踪的必要性，于是制定详细进度表，每周与成员单独沟通了解任务进度。研发团队研究新花椒风味提取技术遇阻，进度迟缓，阿强主动询问，得知是实验设备精度不足，便立即联系供应商加急调来新设备。采购原料时，听闻主要供应商因天气原因可能断供，他迅速找其他供应商谈判，还亲赴产地监督采摘筛选，保障了原料供应，项目进度未受影响。大家见阿强积极跟进，对他好感又增。

项目临近结束，产品试销后，有消费者反映花椒酱辣度标注不准。这涉及多部门，大家相互推诿，阿强毫不犹豫地主动站出。他召集相关人员开会，一同想办法，重新评估辣度标准，调整生产工艺，与市场部合作重新宣传产品，迅速解决了问题。

最终，花椒系列产品成功上市，销售火爆，公司盈利颇丰。阿强从被动采购人转变为主动领导者，同事对他的印象彻底改观。他凭借主动沟通、主动跟踪、主动担责，让花椒系列产品开发项目大获成功，也实现了自身形象的蜕变。

【案例点评】

阿强在花椒系列产品开发项目中实现了从被动到主动的华丽转身，其表现可圈可点。

起初被动行事的阿强，在担任项目经理后主动沟通各部门，深入了解需求并整合其想法，为项目奠定了良好基础，改变了同事对他的最初印象。

项目推进时，面对成员本职工作影响项目进度的情况，阿强主动跟踪，不仅制定进度表，还及时解决研发设备及原料供应等问题，保障了项目顺利进行，进一步提升了同事对他的认可。

项目后期出现问题，部门间相互推诿，阿强主动担责，召集相关人员共同解决，成功化解了危机。

最终，产品大卖，阿强凭借主动沟通、主动跟踪、主动担责，不仅助力项目成功，还实现了自我成长与形象重塑，从被动采购人转变为优秀项目经理，为职场人树立了主动作为、积极担当的榜样。

5.5　管理风险，不留死角

尽管在前文规划过程中，已全面阐述如何识别风险、评估风险并拟定策略，但风险具有不确定性，它无处不在且随时变化，风险管理贯穿项目全生命周期。在项目执行过程中，内外部环境改变会催生新风险，同时已识别风险的影响程度和发生概率也会波动。因此，在项目执行过程中，同样需要随时保持对风险的敏锐洞察，及时识别新风险，持续评估风险状况。一旦发现风险，应迅速启动相应的应对措施；若出现新的风险情形，则须重新进行全面评估，以确定更为有效的应对方案。

对懂项目管理的好采购而言，风险管控是项目顺利推进的关键，必须做到毫无遗漏。唯有全面识别风险并切实管控主要风险，才能保障项目平稳推进。所以，在项目执行过程中，掌握科学有效的风险管控方法，是好采购确保项目成功的必备技能。

5.5.1　全面识别风险，构筑应急防线

在项目管理的执行过程，仅仅依靠规划过程所识别的风险远远不够。执行过程中充满变数，新风险随时可能冒头，必须主动出击，全方位识别风险，为项目筑牢应急防线。一方面，要对外加强联络。与供应商紧密沟通，掌握原材料供应、物流运输等实时信息，提前察觉供应中断、价格波动等风险。积极与行业专家交流，借助他们的经验和敏锐洞察力，获取潜在的市场与技术风险情报。另一方面，挖掘内部潜力。鼓励项目成员主动反馈执行中的异常，他们身处一线，能提供关键的风险线索。

同时，定期开展风险识别会议，组织头脑风暴，从原材料供应、市场价格波动、政策法规变化等维度排查风险，确保无遗漏。为实现全面风险管理，可从以下四个关键方向着力。

1. 跨部门协同，凝聚风险洞察合力

项目涉及多个部门，应让所有相关部门、团队及利益相关者深度参与风险识别。定期召开跨部门会议，大家分享各自发现的风险，共同研讨应对策略。研发部门能发现技术难题风险，市场部门可感知市场需求变化风险，各部门信息互补，能让风险识别更全面。

2. 周期性审查，动态跟踪风险变迁

项目风险并非一成不变，不能仅在起始阶段做一次风险评估。项目推进时，新风险会出现，老风险影响程度也会改变。所以要在项目全周期定期审查风险，例如每月或每季度开展风险评估会议，根据实际情况

及时调整风险管理策略，保证风险始终可控。

3. 多元工具并用，精准剖析风险全貌

运用多种风险识别工具，从不同角度透视风险。SWOT 分析可以帮我们梳理项目内部优劣势和外部机遇挑战；PEST 分析助力从政治、经济、社会、技术宏观层面把握风险；故障树分析则深挖风险因果关系；定量分析借助数据统计、模拟计算得出风险量化结果，定性分析通过专家判断、案例分析获取经验性结论，两者结合，可以让风险评估更精准。

4. 内外兼顾，筑牢风险防控壁垒

既要关注内部风险，像团队协作不畅、资源短缺等，也要重视外部环境影响。紧盯市场动态，留意竞争对手的动作和消费者需求的变化；关注政策法规调整，确保项目合规；考虑自然灾害、公共卫生事件等不可抗力风险。搭建反馈机制，鼓励成员和利益相关者提供风险信息，设置匿名渠道消除顾虑。持续进行对团队成员的风险管理知识培训，提升其风险识别与应对能力。详细记录风险识别、评估、应对及效果，定期审计风险管理流程，利用项目管理软件高效跟踪风险，不断优化风险管理体系。

通过多管齐下，构建全面且动态的风险管理体系，有效降低项目执行中的不确定性，为项目成功保驾护航。

5.5.2　构建风险登记册，动态管理风险

在项目管理的过程中，风险无处不在，它们如同隐藏在暗处的"暗礁"，散落在项目的各个角落，随时可能对项目的顺利推进造成威胁。那么，该如何对这些纷繁复杂的风险进行有效的管理呢？答案是，风险登记册是一个非常得力的办法。

风险登记册就像一个"风险收纳箱"，能够将项目中识别出来的各类风险集中收录其中，让原本隐匿的风险得以清晰地呈现在项目团队面前，从而实现对风险的有效管理。在项目管理里，风险登记册是实施高效风险管理的关键工具，它的作用不容小觑。

它犹如一个集中式的信息宝库，全面涵盖了与项目风险相关的各种关键信息，从风险的类型、可能产生的影响，到风险发生的概率、应对措施等。借助风险登记册，项目团队能够精准地掌握风险的动态变化，确保风险始终处于可控范围之内。简单来说，风险登记册能够让风险被看见、被跟踪、被管理，助力项目朝着预期目标稳步前行。

风险登记册的搭建需要涵盖以下核心要素。

（1）风险编号：赋予每个识别出的风险独一无二的编号，方便后续跟踪与引用，就像给风险贴上专属"身份标签"，以便快速定位查阅。

（2）风险描述：用简洁的语言阐述风险的本质特征，包括引发风险的可能原因以及潜在影响。例如在软件开发项目中，若技术团队成员对新技术掌握不足，可能导致开发周期延长、功能实现存在偏差，须在风险描述中清晰呈现。

（3）风险类别：对风险进行合理分类，如技术风险、财务风险、市场风险、运营风险等，能帮助项目团队从宏观层面理解风险的性质，以便更有条理地开展风险管理工作。

（4）概率和影响评估：运用定性和定量分析方法，对每个风险发生的概率及其可能产生的影响进行评估。通过这种方式，优先聚焦处理高概率和高影响的风险，将资源用在刀刃上。

（5）应对策略：针对不同风险制定相应的应对策略，常见的有避免、减轻、转移或接受风险。比如在采购项目中，为避免供应商因不可抗力无法按时供货，可提前寻找备用供应商，这就是典型的风险避免策略。

（6）责任人：明确负责监控和应对每种风险的具体个人或团队，确保责任落实到人，避免出现风险无人管的情况。

（7）风险状态：实时跟踪风险状态，如"新识别""正在监控""已缓解"或"已关闭"，直观展现风险处理进程。

（8）备注和更新：预留空间记录额外信息，及时更新风险的最新进展、相关决策或讨论内容。

在实际操作中，要建立详细的风险登记册，将识别出的风险逐一按上述要素记录在案。针对每种风险，不仅要制定应对策略，还要明确责任人以及处理时间节点。随着项目推进，风险状况不断变化，须及时更新风险登记册。定期复盘风险处理过程，总结经验教训，依据实际情况不断完善风险管理措施。

风险登记册是动态的管理工具，须项目管理团队持续维护更新。通过充分运用风险登记册，项目团队能更高效地识别、评估、应对和监控项目风险，为项目成功增添有力保障。

5.5.3   如何应对指定供应商

在项目管理中，风险总是无处不在。对于采购工作而言，客户或需求部门指定供应商的情况十分常见，而这背后实则潜藏着风险。

被指定的供应商，可能存在价格虚高、产品质量不达标、资质不符合要求、对约定工作不配合等诸多问题。因此，如何妥善应对指定供应商，尤其是那些较为"强势"的供应商，成了采购风险管理的重要内容。

采购部门在面对客户或需求部门指定的供应商时，无论是选择接受还是拒绝，都需要讲究方法和策略，否则很可能会给项目的推进埋下隐患。

作为项目管理中的采购人员，需要从战略、战术、执行三个层面入手，巧妙应对指定供应商，既要满足需求部门的合理需求，又要确保采购过程合规，最终实现公司利益最大化。

1. 战略层面：坚守原则底线

（1）确立管理原则。

合规保障：确保指定供应商严格遵循公司采购政策与相关法律法规，杜绝违规操作。

风险把控：全面评估潜在风险，如单一来源依赖、交付延迟等，提前预警。

价值导向：在满足需求的基础上，争取性价比高的合作方案，为公司创造价值。

（2）制定审批流程。

申请环节：需求部门填写"指定供应商申请表"，详述指定的理由，如技术独占、客户要求或过往合作良好等。

评估流程：采购部门牵头，联合技术、质量、法务等多部门从专业角度全方位考量。

分级审批：依采购金额分级，50 万元以下部门总监审批，50 万元以上 CEO 签字，确保审批严谨科学。

（3）设定谈判底线。

价格限制：谈判价格不高于市场公允价格的 10%，控制采购成本。

交付要求：交付期限不超行业平均水平 20%，保障项目进度。

质量标准：供应商须通过公司质量体系审核，确保产品或服务质量。

2. 战术层面：灵活应对不同场景

（1）客户指定供应商。

理解动机：与客户沟通，探寻指定的原因，如技术依赖或战略合作等。

拓展空间：向客户说明市场竞争对成本与质量的益处，提供替代方案，争取客户的理解支持。

三方协议：签订包含客户、供应商、公司三方的协议，明确各方在质量、交付等方面的责任。

（2）需求部门指定供应商。

澄清需求：与需求部门交流，了解指定的原因，如历史合作或技术偏好等。

市场调研：采购人员深入调研，至少提供 2 家替代供应商对比数据，供需求部门参考。

提示风险：向需求部门说明单一供应商的风险，如价格垄断、交付延迟等，引导其综合考虑。

（3）指定供应商不符准入标准。

专业评估：组织技术、质量部门实地考察审核，客观评估。

明确整改：依评估结果，向供应商提出整改清单与时间表，督促改进。

备选方案：为防项目延误，同步寻找替代供应商。

3. 执行层面：保障高效落地

（1）供应商评估。

从多维度考量：技术能力看专利、研发团队，通过现场审核、技术答辩评估；质量体系关注 ISO 体系认证、不良率、投诉记录，借助审核表与第三方报告判断；交付能力考察产能、交期达成率、物流网络，参考生产计划与物流报告；成本竞争力分析价格、付款、汇率条款，通过比价与成本模型评估。

（2）谈判策略。

团队组建：以采购人员为主，技术、质量、法务等部门提供专业支持。

明确要点：价格上要求提供成本明细并逐项谈判；交付上明确延迟惩罚规则；质量上约定质量保证金。

技巧运用：采用"红脸白脸"策略，准备最佳替代方案（BATNA）增强底气。

（3）合同管理。

关键条款：建立价格调整机制，原材料价格波动超 5% 时重议价格；制定退出条款，供应商连续 2 次交付不合格，公司有权解约；明确知识产权归属。

风险控制：签订"廉洁协议"防范商业贿赂，要求供应商提供履约保函以降低风险。

指定供应商管理是检验采购专业能力的试金石，既要展现合作态度，又要坚守专业底线，要原则性与灵活性并重，用数据驱动决策，从准入到退出，做好全生命周期管理，建立完整的闭环管理体系，实现公司采购目标。

5.6　案例研究：为什么需求部门总是不满意

在采购工作中，需求部门常对采购工作表示不满，追根溯源，这往往源于沟通不到位。由于沟通不畅，信息传递出现偏差，导致采购部门与需求部门信息不对称。同时，双方工作认知存在差异，各自站在部门立场，难以形成共识。

加之两部门考核指标不同，信任度难以统一，进一步加剧了不满情绪。要化解这一困境，关键在于加强沟通。有效沟通是桥梁，能够弥合信息、认知上的不对称。通过及时、准确的沟通，可以确保双方信息一致，理解彼此工作的难点和重点。同时，还能增进相互信任，共同为项目目标努力。

因此，采购部门应主动与需求部门沟通，倾听其需求和意见，共同寻找解决方案。只有加强沟通，才能提升需求部门的满意度。

　　威远科技，一家专注于智能制造的企业，正紧锣密鼓地研发一款新型工业机器人，旨在提升生产线精密零件的加工效率。苏然作为公司采购部门的主管，承担起了为这款机器人采购关键零部件的重任。

　　项目初启，研发部门作为内部客户，向苏然的采购团队提交了一份详尽的需求文档，其中明确列出了零部件的高精度技术规格、严格的质量标准、所需数量以及紧迫的交付时间。然而，苏然自恃有丰富的采购经验，对此次采购任务掉以轻心，未与研发部门进行深入沟通，便匆忙开展供应商筛选工作。

　　在供应商选择上，苏然为了压缩成本，选中了一家价格较低但在行业内口碑并不突出的供应商。尽管这家供应商承诺的交付时间比研发部门预期的晚了半个月，苏然却认为项目时间有余裕，并未将此情况及时告知研发部门。同时，对于部分零部件规格与研发需求的细微偏差，苏然也未加重视，未与研发团队进一步确认。

　　随着项目推进，零部件开始交付。然而，研发部门在检验时却发现，大量零部件的质量远未达到预期标准，部分关键部件的精度误差甚至可能影响机器人的正常运行。加之交付时间的严重延迟，原本紧凑的项目进度被彻底打乱，生产线的升级计划也被迫搁置。

　　面对研发部门的强烈指责和质疑，苏然起初还试图辩解。但在多次交锋后，他逐渐意识到自己在采购过程中严重缺乏与内部客户的有效沟通。

　　为了挽救局面，苏然主动向研发部门承认错误，并表示会全力弥补。他与研发团队一起重新梳理了需求，迅速与供应商协商退货和补货事宜，并紧急寻找其他可靠供应商，高价采购符合标准的零部件。同时，他向研发部门详细解释了前期采购的决策过程和成本构成，双方共同对后续采购预算进行了重新规划和调整。

　　此外，苏然还建立了一套完善的沟通机制，确保与研发部门保持密切沟通。经过不懈努力，新型工业机器人项目最终得以继续推进。虽然进度大幅延迟，但工业机器人最终成功上线，为生产线带来了显著的效率提升。这次经历让苏然深刻体会到，在采购工作中，与内部客户的紧密沟通是满足需求、保障项目成功的关键。

【知识回顾与思考】

本章围绕项目执行展开，核心要点包括遵循计划、调配资源、沟通协作以及管理风险。

威远科技的案例中，苏然在采购执行时未遵循与研发部门的潜在计划期望，擅自决策，导致资源错配、沟通不畅、冲突频现，且忽视了供应商选择等风险。后期他通过重新梳理需求、紧急调配资源、加强沟通、建立沟通机制等措施，才控制住局面。

思考一下，在实际项目执行中，当计划与变化冲突时，如何平衡两者关系？怎样才能更精准地调配资源以应对复杂任务？面对众多干系人，如何建立高效沟通模式以避免冲突？又该如何构建全面的风险管控体系，真正做到风险管理不留死角呢？

Chapter 6
第 6 章

监控：跟踪进展，及时纠偏

历经规划与执行，项目已步入正轨，此刻，我们将目光聚焦于监控过程组。这一阶段就像给项目安装了精密的"监控器"，全程守护项目平稳运行。

监控过程组的核心任务是紧密跟踪项目进展，一旦发现偏差，迅速采取措施纠偏。风险往往隐匿于细微之处，它要求我们时刻保持警惕，敏锐捕捉潜在风险，提前做好应对预案。

在项目推进时，变更不可避免，有效的变更管理至关重要。我们需要精准评估变更带来的影响，权衡利弊，确保项目目标不偏离。

接下来，让我们一同深入监控过程组，掌握科学的监控方法与管理技巧，让项目在可控的轨道上高效前行，确保每一分努力都能收获预期的成果。

6.1　不跟踪，一场空

在项目管理的复杂体系中，监控过程组是确保项目成功的关键所在，用"不跟踪，一场空"来形容其重要性，再恰当不过。它犹如项目的"健康监测仪"，时刻跟踪项目的动态，及时察觉问题并做出方向调整。

回想起 2001 年，我初次接触项目管理知识，当时参与了一个汽车开发项目。在与外国同事开会时，"review"这个词频繁出现，它意为回顾、评审，本质上是一种定期的项目监控与跟踪机制。

那时，我们负责一款新型汽车部分零部件的研发工作。项目计划十分周全，各个环节紧密相连，还设置了多个关键节点进行回顾。然而，随着项目的推进，大家各自忙碌，对回顾逐渐敷衍起来。原本每月一次的进度回顾，变成了简单的口头汇报，不再深入检查各项任务是否按时完成，也不再排查潜在风险。

直到距离整车组装仅剩三个月时，问题全面爆发。我们发现部分零部件的设计与其他系统存在严重的兼容性问题，尽管每个零部件都符合图纸要求，但在装配时却出现了严重的"干涉"情况，而这些问题本应在之前的回顾中就被发现。由于长时间缺乏有效的跟踪，团队成员之间信息严重不对称，导致问题不断积累。

为了解决这些问题，项目组不得不投入大量的人力、物力进行紧急修改，努力做各种"对齐"工作，以解决各个系统之间的装配"干涉"问题。这不仅使项目成本大幅增加，还险些延误了整车的上市时间。这次经历让我深刻认识到不跟踪项目进度的严重后果。

监控过程组何时开始和结束呢？当项目执行过程启动，工作绩效数据产生后，项目团队依据计划对项目实际执行情况进行测量、对比、分析等工作时，监控过程便正式开始。执行过程中不断输出的工作成果与数据，是监控工作的关键依据。其核心任务主要包括数据监测与分析、偏差识别与应对、沟通与反馈。当项目执行工作全部完成，所有可交付成果通过最终验收，项目各项指标符合既定标准，且监控工作中不存在需要调整和改进的事项时，监控过程结束，项目正式进入收尾过程。

在监控过程中，主要有以下输出。

（1）工作绩效信息：通过对项目执行情况的监测和分析得出的相关信息，反映项目的实际进展和状态。

（2）变更请求：根据监控过程中发现的问题或偏差，提出对项目计划、范围、进度等方面的变更请求。

（3）项目管理计划更新：依据监控结果，对项目管理计划进行必要的调整和更新，以适应项目的实际情况。

（4）项目文件更新：对项目相关的文件（如需求文档、技术规格书等）进行更新，确保其与项目实际情况一致。

接下来，让我们深入探讨如何做好监控跟踪，以及怎样有效解决监控过程中遇到的问题。

6.2　跟踪进展，数据说话

在项目管理中，对优秀的采购人员而言，监控和跟踪项目进展、及时纠正偏差极为关键。跟踪时必须依据数据和事实，不能仅凭"一切顺利"之类的口头反馈做判断。毕竟，重点是确认工作有无切实开展，我们关注的是事实，而非态度。

实际操作中，常出现两种状况：一是对项目进展全然不跟踪；二是虽有跟踪，却仅收获口头反馈，未深入了解真实情况。

采购人员在项目跟踪阶段，须把握三个要点：切实跟踪，不走过场；多维度核实，不偏听偏信；统一信息标准，不自说自话。

同时，要熟练运用项目跟踪的三大法宝：及时跟进，通过动态监控保障执行；及时回顾，全面审视以促进改进；制订行动计划，确保偏差得以纠正。此外，还可借助增值分析来评估项目，真正实现用数据说话，推动项目朝着预期目标稳步前行。

6.2.1 切实跟踪，不走过场

在项目管理中，跟踪工作容不得半点马虎，绝不能走过场。必须对项目的每一个环节、每一个时间节点都予以密切关注。为此，要制订详尽的跟踪计划，明确跟踪的频率、方式以及责任人。同时，可借助项目管理工具，比如甘特图，实时记录项目的进度情况，将计划进度与实际进度进行细致比对，以便及时察觉潜在风险。

在项目监控过程中，作为"项目经理"的采购人员肩负着重要职责，须做好以下几方面工作。

（1）进度把控：根据项目的复杂程度合理确定检查周期，将实际进度与计划进度进行对比，对出现的进度偏差做好标记，提前识别潜在的延迟风险，并及时采取应对措施。

（2）成本管理：定期对采购成本进行核算，深入分析成本偏差产生的原因，时刻关注预算的使用情况。一旦出现超支，及时进行调整，还可通过与供应商重新谈判等方式来有效控制成本。

（3）质量监督：在合同中明确质量标准和检验计划，对供应商的生产过程进行监督，严格执行到货检验。若发现质量问题，及时处理并做好记录。

（4）风险管理：持续识别新出现的风险，对已识别的风险进行重新评估，认真执行并适时调整应对措施。建立完善的风险预警机制，当相关指标超出阈值时，及时发出预警。

（5）沟通协调：定期与内部团队成员、上级领导以及其他部门进行沟通，及时通报项目进展情况；与供应商保持密切联系，确保信息畅通；

积极协调与业主等项目干系人的关系，营造良好的合作氛围。

（6）文档管理：认真记录项目进度报告等各类信息，对项目相关文件和合同进行整理归档，确保文档的完整性和规范性。

在项目管理中，采用行之有效的跟踪方法是确保项目顺利推进的关键所在。主要的跟踪方式包括以下三种。

（1）定期会议跟踪，掌控全局动态。按照固定周期召开项目会议，周会或月会是常见形式。会议期间，项目成员依次详细汇报工作进展，涵盖已完成任务、工作中的难题及后续计划。项目经理借此全面掌握项目各环节的动态，及时察觉潜在风险与计划偏差。同时，针对项目特定问题或关键阶段，召开专项会议。如在关键里程碑节点前，召开专项会议评估准备情况；面对重大风险时，迅速召集相关人员共商应对策略。

（2）里程碑跟踪，精准把控关键节点。在项目规划之初，依据整体目标和任务分解确定关键里程碑节点，如项目启动、需求评审完成等。为每个里程碑设定明确的时间期限和可量化的交付成果，作为项目跟踪的关键参照。在各里程碑节点，组织全面审查，对比实际成果与计划是否一致。一旦发现偏差，深入分析原因并制定纠偏措施。同时，根据项目进展提前预警影响里程碑可能出现的风险，及时调整资源分配或进度计划，保障项目整体进度。

（3）现场检查跟踪，夯实执行细节。对项目关键环节和重要工序进行实地检查或不定期抽查，是及时发现隐藏问题和不规范操作的重要手段。以设备采购项目为例，尤其是定制化生产线采购，制造周期长，项目经理须定期组织专业人员前往供应商生产现场监造。一方面查看制造进度，对照进度计划检查关键部件加工、组装进度，进度滞后时及时与供应商沟通解决；另一方面严格检验质量，依据质量标准和合同要求检查原材料、零部件加工精度等。监造过程中，与供应商保持密切沟通，及时反馈问题和需求，避免因信息不畅影响质量和进度。

6.2.2　多维度核实，不偏听偏信

跟踪需要用事实和数据说话。对描述项目成果的"事实"和"数据"要多维度核实，绝不能单纯依赖对方的汇报。必须秉持"现地现物"的理念，运用多元化的方法，力求获取的数据信息达到"全真精新"的质量标准，即全面、真实、精确、最新。具体可从以下关键方面着手。

1. 质量前置监督，全程把控质量

在项目质量把控上，将监督工作前置。安排质检人员深入供应商生产现场，对整个生产流程的质量严格把关。从原材料入场检验开始，不放过任何一个质量环节。在零部件加工时，监督关键尺寸和工艺参数的监测，保证精度；成品组装后，督促全面性能检测，杜绝不合格产品流入下一阶段。同时，仔细检查生产作业流程是否按标准规范执行，详细记录生产步骤，及时纠正违规操作，确保生产符合工艺要求。此外，针对关键工序、半成品和产成品，加大随机抽检力度，如对零部件科学抽样，用专业设备检测，依据结果推断整体质量，发现问题立即要求供应商整改。

2. 预验收严把关，筑牢交付防线

临近设备生产完工，依据正式验收标准开展预验收。到供应商现场，对设备功能逐一测试，模拟实际使用场景，检验不同工况下的运行稳定性，核查功率、效率、精度等关键性能指标是否达标，检查外观有无瑕疵损伤。若预验收发现问题，立刻与供应商沟通，明确指出问题所在，要求其制订详细的整改方案并确定时间节点。安排专人跟进整改，定期检查效果，保证正式交付前所有问题得到解决，避免交付延误。

3. 信息交互验证，确保数据可靠

为确保数据可靠，要进行信息交互验证。一方面，与一线人员深入

交流，了解工作问题、困难和进展，积极访谈上下游协作的部门或人员，通过组织座谈会等方式，多角度掌握工作全貌，避免信息片面失真；另一方面，细致审查文档资料，对比分析不同来源数据，如核对项目周报、财务报表数据是否一致，检查项目周报、成果报告等文档的逻辑，查看有无矛盾和不合理数据，与实际工作情况和相关证据比对，验证文档真实性，检查实验数据与原始记录是否相符。

通过质量前置监督、预验收严把关和信息交互验证等多种举措，能实现对工作成果全面、真实、精确、最新的核实，避免偏听偏信，为项目管理顺利推进和成功交付提供有力保障。坚持多维度核实，才能有效把控项目质量与进度，实现项目目标。

6.2.3 统一信息标准，不自说自话

在项目监控过程中，跟踪项目进展须以数据为依据。然而，倘若数据定义各不相同，那么所谓的"用数据说话"也就无从谈起。所以，统一信息标准是保障项目顺利推进、助力精准决策的关键所在。

对于采购决策而言，信息质量起着决定性作用。在项目管理中，一旦数据定义模糊不清，团队成员就很容易产生理解上的分歧。这种分歧会对项目的正常进行形成阻碍，使得项目难以按照预期的节奏推进。

保持信息的准确与一致，能够极大地提升采购项目的沟通效率。团队成员基于统一的信息标准进行交流和协作，能够减少误解，避免因信息误差导致的决策失误，从而确保项目各项工作的顺利开展。以下从三方面阐述如何落实统一信息标准。

1.统一绩效标准，消弭理解分歧

在采购项目里，绩效标准是衡量采购人员工作、供应商表现及项目进度的关键。项目经理（采购负责人）须在项目启动时，组织采购团队、

供应商代表等共同制定清晰可量化的标准。例如，对于原材料采购，不能仅提"按时按质采购"，而要明确质量指标（如纯度、规格公差）、交付时间（精确到日、时）、成本范围（设上限及波动区间）等。确保各方对标准理解一致，防止因标准模糊导致实际与预期不符。通过定期绩效评估，依统一标准评价，及时反馈问题，激励各方达成目标。

2. 统一信息渠道，规避信息干扰

信息渠道混乱会使采购信息重复、遗漏或错误，干扰项目监控。采购负责人应明确信息收集、传递和共享渠道。如采用专业采购管理软件记录订单、供应商评估、库存等信息，规定每周固定时间开例会汇报进展、沟通问题，对重要决策或紧急情况指定专门沟通方式（如加密邮件）。统一信息渠道可保证信息及时准确传达，避免误解和混乱，保障项目顺利进行。

3. 陈述客观事实，摒弃主观判断

在采购项目监控中，团队成员汇报工作应重客观事实、少主观评价。如发现零部件质量不达标，不能简单说"供应商产品质量太差了"，而应客观表述"抽检该批零部件数量，不符合标准数量""存在尺寸偏差、表面瑕疵等问题"。对于交付延迟、成本超支等问题，依据采购数据和实际情况分析，不能凭感觉和经验下结论"我觉得这家供应商根本不行"。这样能让各方了解项目真实情况，便于制订解决方案，避免内部矛盾和与供应商的纠纷。

通过统一绩效标准、信息渠道，以及坚持陈述客观事实，可有效统一采购项目管理监控过程的信息标准，减少信息不一致引发的问题，提高管理效率与质量，为采购项目成功实施奠定基础。在采购项目管理中，严格落实这些要点，能更好地实现项目目标，提高采购工作的整体效益。

6.2.4   项目跟踪的三大法宝

在采购项目管理过程中，项目跟踪贯穿始终，它是确保采购工作顺利推进、达成预期目标的关键。每当我谈及项目管理时，脑海中总会迅速闪现出三个英文词：Follow-up（跟进）、Review（回顾）和 Action Plan（行动计划）。这三个词堪称项目跟踪的三大法宝，是推动项目稳健前行的核心动作，当时做项目时几乎天天讲，所以印象非常深刻。接下来，我就和大家分享一下我在实际工作中对这三个词的理解与感悟。

1. 跟进：动态监控，保障执行

跟进是项目管理的首要环节，如同导航系统，随时告诉你是否偏离方向，指引团队向目标前进。利用数字化项目管理工具，可清晰呈现任务状态、完成度、责任人及截止时间。如每日站会跟进，能快速同步"昨日完成、今日计划、当前阻碍"，及时解决潜在问题。

跟进须采用分层级策略。对于高频任务，如日常开发，可通过即时通信工具进行日常确认；对于里程碑任务，定期召开进度会，对比计划与实际；对于高风险任务，则须责任人与干系人一对一沟通，提前协调资源。

2. 回顾：全面审视，促进改进

"Review"内涵丰富，贯穿项目始终。它涵盖对过往执行情况的回顾、对阶段性成果的审视，以及对未来计划的重新评估调整。

回顾会议常采用"item by item"（逐项）方式，逐条审查项目或任务，得出"open"（须持续关注处理）或"closed"（已解决完成）的结论。同时，回顾会议分级设计，包括阶段回顾、里程碑回顾和危机回顾，也有人把这些当作复盘的机会。会前收集关键绩效指标数据，为回顾提供客观依据，遵循结构化流程，结果形成报告存入知识库。

3. 行动计划：细化任务，明确职责

每次项目会议后，都会制订行动计划。基于回顾结果，更新行动计划，让团队成员明确下一阶段工作内容。

制订计划时，将大任务细化为最小可执行单元，借助 RACI 矩阵等工具分配任务，明确责任人，确保工作有效执行。

在采购参与的项目管理中，跟进、回顾与行动计划相互协同。跟进确保项目执行不偏离正轨，回顾挖掘问题推动改进，行动计划将战略转化为可操作步骤。三者相辅相成，共同助力项目成功，对于采购人员而言，掌握这三个关键动作，才能更好地履行职责，成为优秀的项目管理者。

6.2.5　项目管理的实用小助手

监控过程组不仅关注项目实际执行情况与计划之间的偏差，也包含着对项目整体表现的评价。增值分析（Earned-Value Analysis，EVA）是项目监控过程组中用于评价项目好坏的极具价值的工具。通过综合分析项目的计划价值、挣值、实际成本等数据，能清晰地展现项目在进度和成本等方面的执行情况，帮助项目团队准确判断项目进展是否符合预期，是否达成了既定目标，从而为项目决策提供有力依据。

尽管增值分析在项目管理师考试中几乎是必考内容，然而在实际的采购项目管理操作中很少使用，原因在于它的计算过程较为复杂。不过，作为项目管理的必备知识，接下来我将以最为通俗易懂的方式与大家进行分享。

简单来说，增值分析就是将项目实际的执行情况与初始的计划情况进行对比，以此来判断项目的进度以及成本是与计划相符，还是存在偏差。在具体对比时，会运用到三个关键参数、四个评价指标。

1. 三个关键参数

计划价值（Planned Value，PV）：也被称为计划工作量的预算费用（Budgeted Cost for Work Scheduled，BCWS）。举例来说，假设你计划对房子进行装修，打算在一个月内完成客厅的装修工作，且预计花费 50 000 元，那么这 50 000 元就是这个阶段客厅装修的计划价值，它代表了你计划投入的资金数额。

挣值（Earned Value，EV）：已完成工作量的预算成本（Budgeted Cost for Work Performed，BCWP）。继续以装修房子为例，如果一个月后，按照最初的预算标准来计算，客厅装修实际完成的工作量价值 40 000 元，那么这 40 000 元就是挣值，它反映了实际完成工作所对应的价值量。

实际成本（Actual Cost，AC）：又称已完成工作量的实际费用（Actual Cost for Work Performed，ACWP）。假如一个月后，你在支付装修工人工资、购买装修材料等方面总共花费了 45 000 元，那么这 45 000 元就是实际成本，也就是你真实支出的费用。

2. 四个评价指标

成本偏差（Cost Variance，CV）：计算公式为 CV = EV − AC。例如在上述例子中，CV = 40 000 − 45 000 = −5 000（结果为负数），这表明成本出现了超支情况，即实际花费的金额超过了预算值。若计算结果为正数，则说明成本有所节约。

进度偏差（Schedule Variance，SV）：计算公式为 SV = EV − PV。假设 EV 为 40 000，PV 为 50 000，那么 SV = 40 000 − 50 000 = −10 000（结果为负数），这意味着进度出现了延误，即实际完成工作的价值量低于计划的价值量；若结果为正数，则表示进度提前。

成本绩效指数（Cost Performance Index，CPI）：计算公式为 CPI = EV ÷ AC。比如当 EV 为 40 000，AC 为 35 000 时，CPI = 40 000 ÷ 35 000 > 1，这说明成本得到了节约，即花费相同的资金完成了更多的工作；若 CPI 小于 1，则表示成本超支。

进度绩效指数（Schedule Performance Index，SPI）：计算公式为 SPI = EV ÷ PV。若 EV 为 40 000，PV 为 30 000，SPI = 40 000 ÷ 30 000 > 1，这代表进度超前；若 SPI 小于 1，则表示进度滞后。

可见，通过增值分析，项目经理能够迅速察觉项目在进度方面是滞后还是超前，成本出现了超支还是节约的情况。在了解这些偏差信息后，就可以制定相应的调整措施，确保项目能够按照原计划顺利推进。此外，还能依据增值分析的结果对项目未来的发展趋势进行预测，从而做出合理的决策。

在采购活动或项目管理过程中，增值分析可用于评估供应商或项目执行方的表现，判断其能否按照合同要求按时、按质交付产品或服务。一旦发现存在进度滞后或成本超支的情况，能够及时采取措施加以纠正，避免对整个项目的进度造成不良影响。

6.3　发现风险，及时纠偏

跟踪的核心目的在于及时察觉项目是否偏离正轨。一旦出现偏离，就要精准识别其中潜藏的风险。因为倘若某些偏离未能及时纠正，极有可能导致项目延期交付、质量不达标或成本超支。

采购人员要依据项目目标、计划和合同要求，构建一套涵盖进度、质量、成本等多方面的监控指标。例如，进度方面以关键里程碑节点为指标，成本上密切关注预算执行率等。通过定期收集数据，与预设指标对比，精准定位偏差，及时察觉风险。

所以，在监控过程中，优秀的采购人员必须通过有效的跟踪来发现风险，及时纠偏。要想做到这一点，需要时刻保持高度警觉，敏锐洞察风险信号，发现风险，积极开展沟通协作，并果断行动，高效执行纠偏措施。

6.3.1　敏锐捕捉风险信号

在项目执行中，优秀采购兼任项目经理须高度警惕外部风险，敏锐捕捉风险信号。风险信号即项目推进中出现的各类不确定性迹象，如供应商运营变动（关键岗位人员更换、交货异常）、市场环境变化（供求失衡、政策调整）、客户端需求改变（要求新功能、交付变更）、团队内部协作问题（沟通不畅、矛盾增多）、技术层面阻碍（关键技术难攻克）等。这些"不确定性"潜藏风险，采购人员要及时察觉并加以关注。

下面从多个关键方面阐述可观察到的风险信号。

（1）供应商方面：供应商运营状况与项目供应稳定性紧密相关。供应商频繁更换关键岗位人员，如生产主管、技术专家，可能致生产紊乱、质量下滑。生产场地异常变动，如大规模搬迁、场地缩减或扩建计划搁浅，会打乱生产节奏，影响供应时效与能力。交货时间不规律，多次无故延迟或提前交货，交货时间大幅波动，暗示供应商生产计划、物流配送环节存在漏洞，可能引发供应风险，影响项目进度。

（2）市场环境方面：外部市场环境的变化对项目有着广泛而深刻的影响。市场供求关系的突然失衡，如某种关键原材料的供应突然大幅减少，而需求却持续增长，会导致价格大幅上涨，增加采购成本，影响项目预算。经济形势的不稳定，如经济衰退、通货膨胀加剧等，可能使市场需求下降，影响项目产品的销售预期和市场前景。行业政策法规的重大调整，如环保政策趋严、贸易政策变化等，可能增加项目的合规成本，甚至导致供应链受阻。此外，新技术的快速涌现和应用，可能使项目所采用的技术迅速过时，降低项目产品的竞争力。

（3）客户端方面：项目是客户需求导向，客户需求变动对项目影响重大。若客户突然提出新功能需求、提高质量标准或变更交付时间，项目团队未及时响应调整，会导致项目延期、成本增加，影响客户满意度，损害项目声誉与后续合作。

（4）团队内部协作方面：团队高效协作是项目成功的基石，内部问题是潜在风险预警。沟通不顺畅，信息传递出错、遗漏；沟通渠道阻塞，会降低工作效率，导致决策失误，影响项目推进。团队成员矛盾冲突增多，如工作分配争议、目标分歧，会削弱团队凝聚力，打击工作积极性，影响项目进度和质量，暗示项目执行存在管理风险。

（5）技术方面：项目推进中，技术难题是常见阻碍，长时间未攻克的技术难题易引发风险。在研发创新项目过程中，关键技术瓶颈无法突破，会导致产品无法按时上市，错过市场时机，或产品性能不达标，无法满足需求和竞争要求，影响项目商业价值和市场竞争力。

采购人员须密切关注上述方面动态变化，综合考量分析，及时发现潜在风险信号，采取有效措施，确保项目顺利推进。

6.3.2　遵循"坏消息优先"原则

风险无处不在，无时不有。在采购项目管理中，风险管理伴随项目全周期，有效的沟通协作与及时的风险应对是确保项目顺利推进的关键。其中，"坏消息优先"原则扮演着至关重要的角色，它帮助项目团队更好地应对各类风险挑战。

"坏消息优先"原则意味着，一旦察觉到风险，无论个人主观认为其影响程度是大是小，都应第一时间与相关人员进行沟通。因为项目干系人的视角和关注点各异，个人觉得影响不大的风险，在他人眼中可能会对项目构成重大威胁。及时传达"坏消息"，能让各方迅速对风险进行评估，并依据自身职责、利用专业知识采取相应措施，实现风险的早发现、早沟通、早处理。

遵循"坏消息优先"原则，具体方法有三。

（1）及时主动传达。制定明确的风险汇报时间规则，要求项目成员在发现风险后的规定时间内必须向上级及团队进行汇报，杜绝拖延行为。同时，主动利用邮件、即时通讯软件等工具，将风险的详细情况推送给相关人员，确保信息传递的及时性和主动性。

（2）客观全面陈述。在传达坏消息时，要做到客观准确，既不夸大也不缩小风险的影响。以供应商交货延迟为例，须清晰告知预计的延迟时间、可能对项目产生的具体影响以及风险产生的原因等信息。同时，提供已采取的初步应对措施，为团队成员和上级领导进行风险评估和决策提供全面依据。

（3）引导积极讨论。传达坏消息后，鼓励团队成员和上级领导积极提问和发表意见，营造开放、包容的沟通氛围。以风险为契机，组织团队成员共同探讨应对策略，充分发挥每个人的专业知识和经验优势，提出解决方案。

在采购项目实践中，供应商拖期和送样不合格是两种常见情况。对于供应商拖期，若采购人员能及时将这一风险告知团队成员、上级领导以及其他相关部门，就能使项目团队提前做好应对准备，如调整生产计划、寻找替代供应商等，从而降低风险对项目进度和成本的影响。当遇到供应商送样不合格时，同样需要遵循"坏消息优先"原则。及时将不合格情况告知相关人员，并明确不合格的具体原因和可能对项目的影响。同时，与供应商沟通协商，要求其尽快提供合格样品或采取其他补救措施。

在应对这些风险时，高效执行纠偏措施是保障项目顺利推进的核心。具体可以从以下三个方面着手。

（1）拟订针对性方案。对供应商拖期或送样不合格等风险进行全面分析，找出风险产生的根源，明确其影响范围和可能导致的后果。结合项目目标和实际情况，制订具有针对性的纠偏方案，并细化为具体可操作的措施，明确责任人与时间节点。

（2）合理调配资源。根据纠偏方案，准确评估所需的人力、物力、财力等资源。合理调配项目现有的资源，优先保障纠偏工作的需求。当内部资源无法满足需求时，及时寻求外部支持。

（3）实时监控调整。建立完善的风险纠偏监控机制，定期检查纠偏措施的执行情况和效果。根据监控结果，灵活调整纠偏方案，确保纠偏工作朝着有利于项目目标实现的方向进行。

总之，在采购项目管理中，遵循"坏消息优先"原则并高效执行纠偏措施，是提高项目团队风险应对能力、保障项目顺利进行的关键。

6.3.3 供应商交付总是拖期怎么办

在定制化设备采购过程中，经常遇到的情况是，供应商不能按时交付，总是拖期。因为定制化设备不是标准设备，其制造工艺流程包括设计、零部件采购、制造、装配、调试等多个环节，非常容易出现由于某个环节出现问题而影响交付的情况。下面以一个定制化智能生产线设备采购为例，看看如何运用项目管理知识体系避免供应商拖期。

【案例】

定制化智能生产线交付拖期破局策略

在定制化智能生产线设备采购这一项目情境中，供应商交付拖期是极具挑战性的难题，严重威胁项目推进。此时，运用项目管理知识体系能科学、高效地化解困境，保障项目顺利进行。

（1）深度沟通，精准定位问题根源（项目沟通管理、项目风险管理）。

依据项目沟通管理理念，当交付拖期问题出现时，采购方（即项目经理角色）须立即与供应商高层及项目负责人开展高层次沟通。运用积极倾听、有效反馈等沟通技巧，要求供应商从项目风险管理所涉及的各个风险点，如原材料供应风险、生产技术风险、人力资源风险、设备故障风险等维度，深入剖析拖期原因。双方共同绘制风险矩阵，明确关键风险因素，制订具有针对性的赶工计划，设定关键里程碑和交付时间节点，确保信息在双方间准确、及时传递，为后续行动奠定基础。

（2）资源协调支持，助力产能提升（项目资源管理）。

从项目资源管理角度出发，全面评估供应商在人力、物力、资金等资源方面的困境。若供应商人力不足，可利用资源分配工具，协助其从劳务市场或其他项目调配合适人员；若因资金短缺影响原材料采购，通过成本效益分析、在合理范围内以预付款/借款等形式提供资金支持，保障原材料供应。通过资源的合理协调与优化配置，提升供应商生产能力，确保项目资源得到有效利用。

（3）成立联合小组，实时监督进度（项目进度管理、项目质量管理）。

按照项目进度管理和质量管理要求，采购方与供应商共同组建监督小组。监督小组依据项目进度计划，每日检查生产进度，运用增值管理等工具，实时监测实际进度与计划进度的偏差。在质量管理方面，监督小组严格把关生产过程中的质量标准，确保赶工过程中不降低质量要求，发现问题及时整改，保证项目按质按量推进。

（4）调整验收付款，优化合作模式（项目成本管理、项目采购管理）。

从项目成本管理和采购管理维度考虑，在确保设备质量的前提下，重新规划验收和付款方式。将整体验收分解为多个阶段性验收，对应每个验收节点设置合理的付款比例，运用成本控制技术，在激励供应商的同时，保障采购方资金合理支出，降低成本风险。同时，优化采购合同管理，明确双方权利义务，使合作模式更加灵活、高效。

（5）借助法务手段，强化履约约束（项目风险管理、项目采购管理）。

运用项目风险管理和采购管理知识，咨询法务人员，依据合同条款和相关法律法规，向供应商发送法务函。明确告知供应商逾期交付在项目风险层面的严重后果，以及需要承担的法律责任，从法律层面强化合同履约约束，降低项目风险，促使供应商尽快完成交付任务。

【案例点评】

该案例提供了应对定制化智能生产线供应商交付拖期的有效策略，极具借鉴意义。

从沟通层面，通过高层次沟通精准定位问题根源，为后续行动奠基；资源管理上，合理调配资源，助力供应商提升产能。成立联合小组，兼顾进度监督与质量监控，保证项目按质推进。调整验收和付款模式，平衡双方利益，优化合作。法务手段的运用，强化了履约约束，降低了风险。

这些策略综合运用了项目管理多方面的知识体系，从不同角度发力，形成了系统解决方案，既能有效解决交付拖期问题，又保障了项目质量与成本可控，体现了项目管理知识在实际难题解决中的重要性与实用性。

6.3.4　供应商送样总是不合格怎么办

在新产品开发项目进程中，采购工作常常面临棘手难题，其中供应商多次送样不合格尤为突出。不少采购人员在无奈之下，只能选择让步接受样品，可这一做法又伴随着诸多隐忧。一方面，客户端一旦不认可让步接收的样品，前期投入的时间与人力成本便付诸东流；另一方面，即便产品暂时通过验收，未来也可能因质量隐患引发严重后果。面对这一频繁出现的问题，倘若你是项目中的采购负责人，供应商送样总是不合格，你该如何破局？接下来，让我们通过小辉的经历一探究竟。

【案例】

小辉的"送样噩梦"

小辉是 CPSW 公司的采购代表，被派往新型智能手表的研发项目团队。在这个项目里，小辉负责与供应商对接，确保关键零部件及时且合格交付。

在项目推进时，研发部门将零部件需求告知小辉，小辉便着手寻找供应商。然而，在与供应商沟通需求时，小辉只是简单地转发了研发部门提供的基础参数，没有进一步细化和确认关键指标，比如屏幕的分辨率、电池的续航能力等。

送样环节开始后，问题接踵而至。第一次送样，屏幕的实际显示效果与研发预期相差甚远，色彩还原度低，清晰度不够；第二次送样，电池续航严重不达标，无法满足智能手表正常使用一天的要求；后续几次送样，也总是出现各种问题，如传感器的精度不够、表带材质易使人过敏等。多次送样不合格，导致项目进度严重滞后，研发成本不断增加，整个项目团队陷入焦虑。

对此，可通过项目管理思维进行分析和解决。

（1）启动过程：小辉在启动过程中与研发部门和供应商的沟通都存在严重不足。他没有深入挖掘研发部门对零部件的潜在需求，也未与供应商就需求细节进行详细探讨。正确做法是，与研发团队开展多轮深入沟通，全面梳理产品需求，形成详细准确的需求文档。同时，与潜在供应商进行充分交流，了解其技术实力和对需求的理解程度，筛选出有能力满足要求的供应商。

（2）规划过程：小辉在规划过程缺乏系统性和前瞻性。他没有制订清晰的送样计划，包括送样时间节点、质量检测流程等，也未对可能出现的送样风险进行有效评估和应对规划。后续应制订详细的送样计划，明确各阶段任务和时间安排。开展风险识别，针对供应商可能出现的技术难题、原材料供应问题等，提前制定应对策略。

（3）执行过程：在执行过程中，小辉在供应商管理方面存在漏洞。他没有对供应商的生产过程进行有效监督，也未及时反馈研发部门的意见。之后应建立定期沟通机制，与供应商保持密切联系，实时掌握生产进度和质量情况。及时将研发部门的反馈传达给供应商，督促其改进。

（4）监控过程：小辉在监控过程没有建立有效的质量监控体系。他没有对送样产品进行严格的预检测，也未及时跟踪供应商的整改情况。未来应在送样前对产品进行全面检测，确保产品符合要求。应对供应商的整改过程进行全程跟踪，确保问题得到彻底解决。

【案例点评】

小辉在新型智能手表研发项目的零部件采购中，因项目管理各环节失误导致送样噩梦。

启动时，沟通不足，未深入挖掘需求和筛选供应商；规划上，缺系统性，无送样计划和风险应对策略；执行中，对供应商的管理存在漏洞，未监督生产和及时反馈；监控时，质量监控体系缺失，预检测和整改跟踪不到位。

小辉的经历警示，项目管理各环节紧密相连，任何疏忽都可能导致项目受挫。采购代表在项目中应严谨细致，做好沟通、规划、执行与监控，重视收尾复盘，积累经验，提升项目管理能力，避免类似失误，保障项目顺利推进。

6.3.5　如何处理让步接收

如果无法纠偏了，就只能考虑让步接收，所以几乎所有公司都有让步接收程序。在采购参与新产品开发过程中，让步接收是指供应商提供的产品或样品未完全符合既定标准，基于时间、成本等因素考量，干系人经评估后决定有条件接收的情况。

让步接收无疑是一个相当棘手的难题。一旦处理方式不当，极有可能为产品的量产埋下隐患。为有效解决这一问题，可参考以下方法与策略。

（1）明确让步接收标准：项目前期，须制定严格且清晰的让步接收标准。对于关键零部件的性能指标，应设定可接受偏差范围，如偏差在此范围内且不影响产品核心功能与安全，可考虑让步接收；对外观等非关键因素，也应制定相应标准。清晰界定可让步的具体情形与条件，为后续决策提供依据。

（2）分析原因并制订改进计划：当决定让步接收时，采购、质量控制、研发等部门要立即协同分析原因。若因供应商生产工艺问题，如设备老化致精度不足，应要求供应商制订改进计划，包括更新设备、明确责任人、设定时间节点及预期效果等。采购方应严格审核并跟踪计划执行，确保有效改进。

（3）评估影响并采取措施：让步接收产品进入生产环节后，研发部门要重新评估产品设计，判断是否需要调整优化以降低潜在风险。质量控制部门要加大对相关批次产品的检验检测力度，增加抽检比例和项目，若发现产品质量受影响严重，立即停止生产，采取返工或更换零部件等措施。

（4）审视技术标准合理性：若多次出现让步接收，且确定是技术标准过于严苛或不合理导致，研发部门须与干系人沟通，依据实际情况调整优化标准。在修改标准时，充分评估对产品的整体影响，并遵循严格的评估和审批流程，确保标准既能保障质量又具可操作性。

（5）与客户沟通争取理解：当产品技术标准因让步接收需要修改或可能影响产品性能特点时，及时与客户沟通。提供详细技术分析报告和质量保证措施，说明公司为确保质量所做的努力，根据客户特殊要求进行调整改进，争取客户的理解与认可。

（6）考虑更换供应商：对于频繁要求让步接收且经多次沟通帮助仍无法提升产品质量的供应商，果断更换。寻找新供应商时，严格按照评估流程筛选，确保其能提供符合质量要求的产品。与新供应商合作时，加强管理监督，避免类似问题重演。

通过以上系统措施，可有效降低让步接收风险，妥善应对供应商频繁的让步接收要求，保障产品质量和项目顺利推进。

6.4　变更管理，不能失控

既不能纠偏，又不能让步接收，那就要进行变更。但变更管理稍有不慎就会失控，带来严重后果。这涉及供应商、采购或需求部门等多方面，必须有变更管理流程。

变更渠道杂乱无章，缺乏统一规范，各部门自行其是；审批流程随意，没有固定标准，随意跳过关键环节；信息共享不及时、不准确，相关人员对变更内容一知半解；后续问题处理毫无预案，出现状况便手忙脚乱。这一系列问题会导致信息不一致、认知不一致，不同部门对变更理解和执行南辕北辙，项目推进混乱。

实际案例中，不少项目因变更失控，导致成本大幅超支，交付时间不断拖延，最终无法通过验收。所以，必须建立规范的变更管理体系。统一变更渠道，所有变更申请都通过专门途径提交；明确审批流程，各环节责任到人；及时共享变更信息，确保全员知悉；提前制订后续问题处理方案，一旦出现问题迅速响应。只有这样，才能保障变更有序进行，降低对项目的负面影响，推动项目顺利完成。

作为懂项目管理的优秀采购，在变更管理中需要牢牢把握以下三个关键点：遵循原变更流程，确立单一对外沟通渠道，妥善处理变更后的变更。

6.4.1　遵循原变更流程

在项目推进过程中，变更是难以避免的情况。任何变更都可能引发一系列的变化，从资源分配到进度安排，从成本预算到质量把控等，都可能受到影响。

因此，严格遵循原变更流程就显得尤为重要，这是防止变更失控、确保项目稳定推进的关键防线。倘若在项目规划过程中，发现变更流程存在不完善之处，也必须及时进行补全，从而保障项目变更的科学性、合理性与规范性。

具体而言，我们可以从以下几个方面着手：搭建标准且清晰的变更流程，确保变更有章可循；深入评估变更可能带来的多方面影响，提前做好应对准备；坚持原有的审批标准，保证变更决策的严谨性。

1. 搭建标准变更流程

变更流程须从提出阶段就做到严谨有序。变更申请者要通过专门渠道提交详尽的申请，内容应包含变更原因、具体内容、预期效果以及可能影响的范围等关键信息。以建筑项目为例，若要变更施工图纸，需要说明变更源于场地条件变化，明确变更涉及的楼层结构、施工工艺等内容，预估对施工进度、成本的影响。

收到申请后，专业评估团队要从多维度进行评估，综合考量项目成本、进度、质量等因素。评估结束后，按照既定的各层级审批权限，由基层、中层到高层依次审批。基层关注变更在自身职责内的可行性，中层从部门协作角度审核，高层从项目战略层面把控。只有各级审批通过，变更才能进入执行环节，且执行时要严格按获批方案进行，并做好监督记录。

2. 深入评估变更影响

变更对项目的影响是多方面的。在进度上，须判断是否会改变任务顺序、影响工期，如在软件开发项目中功能变更可能导致测试时间延长。在质量方面，要确定是否会影响产品或服务的质量标准，如食品生产中原料变更需评估对口感和安全性的影响。

成本上，要核算直接和间接费用，如设备更新可能产生采购、安装及培训成本。范围影响评估涉及工作内容和交付成果的变化，如项目范围缩小可能需要调整工作分配。

对于其他干系人，要分析变更是否影响其利益和参与度，如项目变更可能影响供应商的供货计划，须及时与其沟通。在项目资源方面，要明确变更对人力、物资等资源需求的改变，如增加新业务可能需要招聘专业人员、采购新设备。

3. 坚守原有审批标准

在审批变更时，要充分考虑项目整体目标和约束条件，确保变更不偏离核心目标，且在时间、成本、质量等限制范围内进行。比如，项目目标是按时交付高性价比产品，变更就不能大幅增加成本或降低质量。

所有变更都必须经过审批，遵循原审批流程，保证审批的一致性和规范性。原审批流程是根据项目和组织架构设计的，随意更改会导致审批混乱。通过严格标准，排除不合理变更，让必要合理的变更得以实施，保障项目在可控范围内推进。

6.4.2 确立单一对外沟通渠道

只要出现变更，就要与有关干系人沟通，做到信息共享。但要注意，不要多头对外，尤其是对接供应商，避免信息渠道不一，带来信息混乱。

可以搭建信息交互平台，保障变更相关信息及时、精准地传递给项目所涉及的每一方。在变更获批后，借助项目管理软件、定期沟通会议等手段，与有关人员同步一下信息，让项目成员、供应商等清晰知晓变更细节及对其自身工作产生的影响，防止因信息不对称造成执行上的混乱，维持项目协同作业的顺畅性。

📖【案例】

新产品研发的"变更之乱"

林悦是一家玩具制造企业的项目经理，负责新型智能玩具的研发项目，这款玩具融合了前沿语音交互与动作感应技术，目标是开拓儿童智能玩具市场。

项目推进期间，研发团队为优化产品性能全力攻克技术难题，在与供应商技术人员频繁交流中，多次对玩具内部电路设计和外壳结构进行变更。但他们一心扑在技术上，未意识到变更流程的重要性，没意识到变更要确立单一对外沟通渠道，完全没有通知采购部门。

与此同时，供应商的技术人员同样疏漏，变更方案敲定后，没有将消息传达给销售团队。就这样，变更已发生，却没能在应有的信息渠道中流通。

当供应商依照变更后的设计送来样品时，质量部门全然不知变更情况，仍按照老图纸进行验收。结果显而易见，样品因尺寸、电路接口等不符被判定不合格。这不仅导致项目进度延误，还让供应商感到委屈与困惑。

更麻烦的是，这些变更涉及模具修改，大幅增加了供应商成本。供应商拿着费用清单找采购部门要求补偿，采购部门却因信息断层，对变更毫不知情，根本无法判断费用是否合理。此外，供应商此前按老设计生产的大量零部件，也因变更成了积压库存，同样要求采购部门协助处理，这无疑给采购工作带来了巨大压力。

这一系列混乱让项目陷入僵局，成本不断攀升，进度严重滞后。林悦紧急召集研发、采购、质量和供应商各方，重新梳理变更流程，明确由采购部门作为统一对外沟通的窗口，所有变更必须经过严格审批，并及时同步给相关各方。这次的混乱给整个团队敲响了警钟，让大家深刻认识到规范变更管理、统一沟通的重要性。

【案例点评】

林悦负责的新型智能玩具研发项目，因变更管理不善陷入混乱，教训深刻。

项目中，研发团队与供应商忽视了变更流程，未统一对外沟通，导致信息断层。质量部门按老图纸验收，判定样品不合格，导致进度延误，成本增加，供应商库存积压，采购工作压力骤升。

此案例凸显了项目变更管理中规范流程与信息沟通的重要性。应指定唯一沟通渠道，如设立变更管理小组统一发布信息，避免信息混乱。采用书面、标准化的变更通知，减少理解歧义。对变更进行版本管控，便于追溯评估。搭建高效信息交互平台，能有效避免执行混乱，提升项目管理水平，保障项目顺利推进，实现项目目标。

6.4.3　妥善处理变更后的变更

项目变更完成后，往往会衍生出一系列后续问题，即"变更后的变更"，这需要我们妥善处理。比如供应商的原有库存积压、产品结构变化带来的适配问题，以及商务方面的预算调整等。此时，采购人员要主动牵头，联合相关部门共同商讨解决方案。针对供应商库存，协商合理的消化方式，避免资源浪费和成本增加；对于结构变化，及时调整后续工作流程与标准，确保项目整体平稳过渡，顺利推进。为了妥善处理变更后的变更，可从以下几个关键方面着手。

1. 制作变更控制表单，精细跟踪执行

变更控制表单是把控变更执行的有力工具。表单应详尽记录变更发起时间、编号、变更内容等关键信息。以大型设备采购项目为例，当设备的技术参数发生变更，变更控制表单要明确记录变更前后的参数对比，便于后续核查。同时，表单中须设置专门的执行跟踪栏，记录变更执行的各个环节和时间节点，如供应商何时开始调整生产、预计何时交付调整后的设备等。通过持续更新表单信息，项目团队能直观掌握变更执行进度，及时发现执行过程中的延误或偏差，迅速采取措施加以纠正，确保变更按计划落实到位。

2. 明确变更来源，确保全面响应

准确识别变更来源，即确定哪个干系人提出的变更请求，是确保所有变更得到妥善处理的基础。在项目推进过程中干系人众多，可能是客户提出新的功能需求，导致项目范围变更；也可能是内部技术团队发现原设计存在缺陷，需要进行技术变更。明确变更来源，一方面能让项目团队迅速与提出者沟通，深入了解变更背后的原因和期望，避免误解；另一方面，确保没有变更请求被遗漏。建立变更请求登记台账，将每个变更来源及对应的请求详细记录，定期对台账进行梳理和核查，保证所有变更都进入处理流程，并根据变更的紧急程度和影响范围合理安排处理的优先级，使项目团队能够全面、高效地响应各种变更需求。

3. 更新项目规划，保障全局协调

变更发生后，及时更新项目规划是保障项目整体协调推进的关键。项目范围、交付成果、项目计划等信息都可能因变更而发生改变。若项目因客户需求变更而增加了新的功能模块，项目范围必然扩大，交付成

果也会相应调整，原有的项目计划，包括任务安排、时间进度、资源分配等，都需要重新规划。项目团队要评估新的功能模块所需的人力、物力资源，调整任务顺序和时间节点，确保项目计划与变更后的实际情况相符。同时，将更新后的项目规划及时传达给所有干系人，让大家对项目的新方向和新要求有清晰认知，保证项目各环节协同一致，避免因信息不同步导致的工作冲突和延误，从而实现项目在变更后的平稳过渡和顺利推进。

6.5　案例研究：不会跟踪的采购，不是好采购

在本章开始我们提到了"不跟踪，一场空"，强调了项目管理中跟踪环节的重要性。就采购工作而言，这句话同样适用。在采购项目管理过程中，跟踪贯穿项目始终，它是确保采购工作顺利推进、达成预期目标的关键，甚至可以说，不会跟踪的采购，不是好采购。

【案例】

不会跟踪的采购，不是好采购

在知名食品企业美味佳公司，采购部的小张最近接到了一个重任——负责公司新推出的网红零食系列的原材料采购项目，小张顺理成章地成了这个项目的采购项目经理。

美味佳公司计划推出一系列迎合年轻人口味的网红零食，小张迅速组建了一个跨部门团队。团队成员包括：研发部的老陈，负责提供原材料的品质和口味要求；质检部的小孙，负责制定严格的质量检测标准；生产部的小刘，负责根据生产计划预估原材料的需求数量和时间。

项目启动初期，一切都按部就班地进行，大家都干劲十足。小张自认为分工明确，便没有过多关注团队成员的工作进展，只是偶尔简单

询问一下，得到大家"进展顺利"的答复后，他便放心地继续推进其他工作。

随着产品上市日期的临近，小张要求团队成员提交各自的工作成果时，却发现状况百出。老陈提供的原材料的品质要求存在一些模糊地带，导致在与供应商沟通时，对方对某些关键指标理解不一致；小孙制定的质量检测标准不够细化，对于一些可能影响零食口感和保质期的因素没有充分考虑；小刘预估的原材料需求数量偏差较大，没有考虑到生产过程中可能因工艺调整带来的损耗变化。

由于这些问题，原本计划好的与供应商签订合同的时间被迫推迟，公司新网红零食系列的上市计划也受到了严重影响。小张这才意识到自己的疏忽，没有对团队成员的工作进行有效跟踪，缺乏必要的回顾复盘和合理的行动计划。

痛定思痛，小张决定改变工作方式。他开始每天与团队成员进行详细沟通，深入了解工作中的难点和问题，并及时协调资源解决。每周组织一次团队回顾会议，大家一起复盘本周工作，分析出现的问题，总结经验教训。根据回顾结果，共同制订下周的详细行动计划，明确每个人的具体任务和时间节点。

在后续的工作中，小张发现老陈在完善原材料品质要求时，对某些新型食材的特性了解不足，他便联系行业专家为老陈提供专业指导。小孙在细化质量检测标准时，对一些微生物指标的检测方法存在疑惑，小张组织公司内部的质检专家对小孙进行培训和答疑。小刘在重新预估原材料需求数量时，小张和他一起深入生产车间，观察生产流程的每一个环节，确保数据的准确性。

经过一段时间的努力，团队成员的工作逐渐步入正轨。最终，他们成功地与供应商签订了合同，采购到了符合要求的优质原材料，新的网红零食系列也按时推向了市场，受到了消费者的广泛喜爱。

这次经历让小张深刻认识到，作为采购项目经理，跟踪团队成员的工作是项目成功的关键，不会跟踪的采购，不是好采购。

【知识回顾与思考】

本章围绕项目监控展开，重点强调了跟踪进展、发现风险、处理变更等关键要点。

在跟踪进展方面，须以数据为依据，杜绝走过场、偏听偏信与自说自话的情况，确保对项目实际状况的准确把握。发现风险时，要保持敏锐，遵循"坏消息优先"原则，及时察觉并纠正偏差，将风险的负面影响降至最低。处理变更时，必须严格遵循原变更流程，确立单一对外沟通渠道，防止变更失控，同时妥善处理变更后的变更。

在美味佳公司的案例中，小张前期未有效跟踪工作进展，仅凭简单询问和片面反馈就认为一切顺利，偏听偏信导致问题积累。后期他转变工作方式，每日详细沟通、每周回顾复盘，才发现并解决了问题。这启示我们在实际项目中，要重视数据收集与分析，并以此为基础判断项目状态。面对风险，不能忽视坏消息，应及时采取措施。处理变更时，规范流程与沟通渠道，保障项目稳定推进。

思考一下，实际工作中如何精准获取有效数据用于跟踪？怎样更高效地识别风险并快速响应？又该如何完善变更管理流程，应对各种复杂变更情况呢？

第 7 章

收尾：验收项目，萃取经验

当项目依次走过规划的蓝图绘制、执行的艰辛征程以及监控的严格把控，终于来到了收尾过程组。这绝非普通的终点，而是成果收获的金秋时节，也是经验沉淀的关键契机。

收尾包含项目收尾和行政收尾两个关键动作。项目收尾聚焦成果验收与交付，确认可交付成果达标后，交给接收方，标志着项目业务层面结束。行政收尾则专注管理流程，整理归档项目文档、总结经验教训、处理资源、完成团队解散等工作，标志着项目管理层面结束。可很多人却对项目收尾不够重视，匆匆了事。不仅没有像成果验收签字、团队总结大会这类标志性动作，缺失了项目正式落幕的仪式感，还可能导致项目成果无法有效交付，留下很多"尾巴"，并且经验教训未能妥善总结，使得团队在后续项目中重蹈覆辙，错失提升与进步的契机。接下来，让我们一同探寻如何做好收尾工作，给项目一个漂亮的结局，开启未来项目的成功新篇。

7.1　善始善终，方得始终

用"善始善终，方得始终"这句话描述收尾最为恰当，它精准地诠释了项目全流程保持卓越状态的重要性。项目的成功，离不开起始阶段的精心谋划，执行过程的高效推进，更离不开收尾过程的完美收官。收尾工作的意义，恰似"编筐编篓，重在收口"，稍有差池，整个项目的成果便可能功亏一篑；又如同"行百里者半九十"，越是临近终点，越要全神贯注，不容丝毫懈怠，这样才能确保项目顺利抵达成功彼岸。

曾经，一家制造企业决心进行采购数字化转型项目，期望借此优化采购流程、降低成本并提高效率。项目团队花费数月时间，调研市场上各类数字化采购平台，与供应商沟通协调数据对接事宜，内部也对员工展开多轮培训。历经艰苦努力，新的数字化采购系统终于成功上线运行。

项目"完成"后，团队认为大功告成，仅简单开了个会宣布项目结束，成员便各自回到原岗位，没有进行规范的收尾工作。后续问题很快浮现，由于没有完整的成果移交流程，采购部门在使用新系统时，遇到操作细节、数据安全等问题却找不到对应的解决方案和技术支持。而且，项目过程中与供应商磨合的经验、员工培训中发现的知识短板等宝贵经验都未进行总结萃取。当企业准备将数字化采购模式推广到其他业务板块时，才发现又要重新摸索解决曾经遇到过的问题，不仅浪费了大量时间和资源，推广进度也严重受阻。

这次经历深刻表明，项目收尾绝不能简单对待，任何一个环节处理不当，都可能引发严重问题。合同收尾时，与供应商的争议若未能妥善解决，会给后续合作埋下隐患；行政收尾时，若不能让干系人尤其是项目发起人满意，不仅影响口碑，还可能导致后续资源调配困难。更严重的是，若未能有效萃取经验，团队极有可能在后续项目中重蹈覆辙。

那么，收尾过程何时开始呢？当项目可交付成果通过最终验收，监控工作全部完成，所有变更请求均已妥善处理，项目主体工作宣告结束，此时，收尾过程便正式拉开帷幕。监控过程中产生的项目管理计划、文件等资料，都将成为此阶段工作的重要依据。

收尾过程核心任务包括验收、移交成果和萃取经验，主要输出成果有：

- 项目验收报告。
- 经验教训总结。
- 资源释放记录。
- 项目后评价报告。

收尾过程紧密承接监控过程，结合项目执行成果，有条不紊地开展各项收尾工作。通过总结与评估，输出一系列关键成果，为项目画上一个完美的句号。其中，项目收尾和行政收尾相互关联、相辅相成，共同保障项目圆满结束。

接下来，让我们深入探寻如何做好项目收尾工作的每一个细节，为项目打造一个漂亮的结局，开启未来项目的成功新篇。

7.2 验收项目，要有标准

在项目收尾过程，对于懂项目管理的优秀采购而言，项目验收是不容忽视的关键环节。从采购的视角出发，其一头连接着需求方，另一头对接供应商，在验收过程中起着关键的协调与把控作用。

实际操作中，验收环节常出现各种问题。比如供应商提供的产品或服务，可能因理解偏差、沟通不畅等原因，与需求方的期望存在差距。在验收测试时，产品也可能暴露出各种缺陷，影响使用效果和需求方的满意度。

重中之重是，采购必须确保验收有明确标准，且这个标准是依据项目启动过程制定的项目范围、章程以及目标来拟定的，能精准呼应项目整体情况。同时，这个标准要让采购方、需求方、供应商各方达成一致。一旦缺乏统一标准或标准与项目整体情况脱节，各方就会因验收结果判断依据的不同而各执一词。例如，对交付成果是否符合项目范围的界定，没有统一标准就难以判断，导致无法实现项目既定目的，让项目收尾工作停滞不前。

此外，完整规范的项目文档和顺畅的沟通协调同样重要。所以，采购须把控全局，依据项目整体情况明确验收标准，协同各方达成共识，保障项目顺利验收。

在项目验收环节，懂项目管理的优秀采购须牢牢把握以下三个关键点——紧扣项目目标、促进三方沟通和规范验收流程，以确保验收工作顺利推进。

7.2.1　紧扣项目目标，明确验收标准

不少企业在实践中常忽略以项目目标为导向制定验收标准，甚至错把产品技术标准当作验收标准。采购应牵头梳理项目范围、章程及目标，综合考量质量、交付时间等关键要素，制定出贴合项目实际的、清晰明确的验收标准，杜绝标准模糊或偏离项目目标的情况。

在项目管理中，将项目目标转化为验收标准是保障项目成功交付的核心，以新产品开发项目为例进行阐述，可从以下三方面着手。

（1）细化项目目标，生成精准验收指标。深入剖析新产品开发项目目标，将其细化为具体、可量化、可观察和可衡量的指标。若项目目标是推出一款兼具创新性与高性价比的新产品，可将创新性量化为拥有多少项独特功能、获得多少项技术专利；把高性价比具体化为将产品成本控制在多少元以内，且市场售价较竞品低多少。同时，明确验收标准不

等同于技术标准。比如产品的某项关键性能指标，不能仅列出技术参数，要规定通过专业检测机构按照特定检测流程进行检测，检测合格率达到多少以上才符合验收标准。就这些验收方法和指标，项目团队内部以及与供应商之间要充分沟通，若有争议，以项目目标为基准协商，直至达成共识。

（2）回溯启动成功标准，确保执行连贯一致。项目启动过程的成功标准是项目推进的重要指引，须融入验收环节。如启动时明确新产品要在多少个月内完成开发并上市，开发成本控制在预算的多少以内，且产品质量是否达到行业领先水平。验收时就要严格核查，实际开发周期是否在多少个月内，开发成本是否超预算，产品质量是否达到预设的行业领先水平，如产品故障率低于多少等，以此保障项目执行与启动规划一致。此外，若项目对企业市场拓展有战略意义，验收标准还应包含新产品上市后市场占有率提升多少等对企业战略目标支撑程度的评估，项目发起人要与各方深入沟通，推动对验收标准的理解和认同。

（3）聚焦客户体验，构建实用验收标准。新产品开发旨在满足用户需求，用户满意度和体验是验收关键指标，可以通过问卷调查、用户试用收集反馈。设定用户满意度评分不低于多少分（如满分 10 分）、用户首次使用问题解决率不低于多少、产品上市后多少个月内用户复购率达到多少等标准，从用户角度衡量项目成果。在制定验收标准时，以用户体验为导向，将用户界面友好度、操作便捷性等指标纳入验收标准，如规定产品操作步骤简化至多少步以内，用户界面友好度评分不低于多少分等。确定这些指标时，需求部门、研发团队和供应商应共同协商，保证验收标准切实可行。

7.2.2　促进三方沟通，达成标准共识

在项目管理中，要注意"客户"与"用户"的区别。客户通常是为

产品或服务付费的一方，比如项目发起人，他们更关注项目整体投资回报、目标达成等；用户则是实际使用产品或服务的人，像内部需求部门人员，他们注重产品能否满足自身使用需求。对于采购项目经理而言，关键任务便是有效地协调项目发起人、内部需求部门以及供应商这三方，促使它们就验收标准达成共识，从而确立统一且明确的验收标准。因为只有这三方以项目目标为核心，紧密配合、深度交流，才能够切实防范因验收标准不一致而产生的分歧，进而避免这些分歧对项目的顺利推进造成阻碍。

接下来，将以设备采购项目为例，为大家详细阐述在这种情况下，采购项目经理应如何具体开展工作，以实现三方对验收标准的共识与项目的顺利推进。

1. 与供应商深入沟通，明确交付内容与责任

在以提升生产效率 30% 为目标的自动化生产线设备采购项目中，采购项目经理应主动与供应商深入交流。要求供应商交付稳定的自动化设备主体、适配软件，完成安装调试及人员培训，并确认交付细节。

同时，采购项目经理在合同中明确验收标准和违约责任。若交付不达标，供应商须承担换部件、维修、赔偿或支付违约金等责任。经充分协商达成一致，约束供应商履约。

2. 协助项目发起人，统筹项目目标与约束条件

项目发起人关注目标，也兼顾对时间、成本、质量等的约束。如上述项目，要 3 个月内交付安装且控制成本。采购项目经理要协助其制定验收标准，涵盖设备稳定性、交付时间、成本控制等。

采购项目经理组织三方探讨，鼓励各方表达需求期望，以项目目标为基准解决争议。还应协助发起人围绕目标和条件设立关键绩效指标

（Key Performance Indicator，KPI），如设备故障率、按时交付率、成本偏差等，组织讨论并达成共识，确保项目达到预期。

3. 引导内部需求部门，聚焦自身需求并深度参与

内部需求部门关心项目能否满足使用需求。采购项目经理与其密切沟通，了解其对设备操作、维护及环境适应性等的需求，据此拟定验收标准，如操作界面简洁、无故障时间达标、维护成本和时间可控等。

采购项目经理组织需求部门和供应商讨论标准，达成一致。邀请需求部门通过研讨会、问卷等参与标准制定，提出如易损件更换便捷等需求，促进三方交流，消除分歧，完善标准。

采购项目经理通过有效沟通协调三方，明确各方重点，围绕项目目标达成验收标准共识，为设备采购项目成功交付筑牢基础。

7.2.3　规范验收流程，落实责任到人

作为采购项目经理，规范项目验收流程、落实责任到人是保障项目顺利收尾的关键任务。清晰的验收流程是验收工作得以顺利开展的基石，然而，许多企业在实际操作中存在验收流程不明、职责不清的问题，导致验收工作陷入无人负责、流程混乱或缺乏标准的困境。

【案例】

设备采购的"验收风波"

陈宇是一家电子制造公司的采购项目经理，最近接到了采购一批高精度贴片设备的重要任务。为了尽快完成采购，他一心扑在筛选供应商、讨价还价和敲定交货时间上，却没把验收环节当回事，验收流程、责任主体、时间与标准都没有进行明确规定，想着等设备到了再处理也不迟。

几个月后，设备按时运抵工厂。可到了验收环节，问题瞬间爆发。

陈宇觉得设备是生产部门要用的，自然该他们负责验收。生产部门负责人却摇头说："设备出了问题找采购，验收肯定也是采购主导，我们配合提供些使用反馈还行，担不起验收的责任。"

设备部门听闻，也赶忙撇清关系："我们主要负责设备日常维护和故障维修，采购是对外对接的，应该由采购组织牵头，怎么能把验收的活儿丢给我们呢？"就这样，三方各执一词，互相推诿，验收工作彻底陷入僵局。

验收时间没有明确规定，事情一拖再拖。供应商多次催促付款，却总是得不到明确答复，耐心被一点点耗尽。而且，由于验收标准模糊，对于设备的一些性能细节，采购部门和供应商产生了严重分歧。采购部门认为设备的贴片精度略低于预期，拒绝验收；供应商却坚称设备符合行业标准，是采购部门故意挑刺。

矛盾不断激化，供应商直接撂挑子，不再配合解决问题，甚至威胁要停止后续的技术支持和售后服务。工厂这边，新设备闲置在那儿无法投入使用，生产线升级计划被迫搁置，生产进度严重滞后，经济损失不断扩大。陈宇这才如梦初醒，意识到自己犯下了大错。他赶忙召集采购、生产、设备和质检等多部门紧急开会，重新梳理验收流程，明确各方责任，制定详细的验收标准，再带着诚意和方案去找供应商重新协商。经过一番艰苦的努力，这场验收风波才终于平息。这次经历让陈宇深刻认识到，规范的验收流程和明确的责任界定是项目成功的基石，容不得半点马虎。

【案例点评】

在陈宇负责的设备采购项目中，验收环节暴露出的问题极具典型性。企业常因验收流程不明、职责不清，陷入无人验收或验收混乱的困境。

案例中，验收责任主体模糊，设备、生产、采购等部门相互推诿，严重阻碍验收推进；验收时间节点不明，各部门扯皮导致验收延迟，引发供应商不满，影响项目进度；验收标准不统一，各部门理解和执行有别，难以得出统一结论。

要解决这些问题，需要明确验收责任主体，依部门职能制定责任分配表，让各部门各司其职；确定清晰的验收时间节点，按项目进度和设备交付情况规划验收流程；统一验收标准，由采购项目经理牵头，组织各部门商讨并形成书面文件。陈宇应汲取教训，在后续项目中提前规范验收流程，确保项目顺利收尾。

7.3　移交成果，要有清单

项目完成验收后，成果移交是收官的关键，而条理清晰、内容精准的移交清单则是重中之重。现实项目中，缺少移交清单，成果移交往往困难重重。

没有移交清单，交付是否完成就没了衡量标准。交付方可能觉得所有成果已交付到位，项目圆满结束；需求方却因无清单对照，查验时易发现成果缺失和遗漏，判定交付未完成。这种理解差异极易引发激烈争论，导致项目收尾停滞。

例如某企业采购大型生产设备，供应商完成设备安装调试后，就认为大功告成了。但企业接收时，因无移交清单，不清楚设备标准附件有哪些，操作说明书、质量检测报告等文件是否齐全也无从得知。企业明白这些资料对设备使用和维护很关键，可供应商却不重视，双方争执不下，项目收尾陷入僵局。

所以，依据移交清单完整无误地移交成果，项目才算真正结束。清单明确交付内容，是确认交付完成的重要凭证。成果移交时，务必制定详尽清单，减少纠纷，推动项目顺利收尾。

作为一个好采购，为更好地准备清单并完成成果移交，须掌握以下三个关键点：准备移交清单、核对实物与文档、签署移交协议。

7.3.1 准备移交清单

在项目成果移交阶段，精准对照项目目标准备移交清单对交付工作的顺利推进至关重要，主要包含以下三个步骤。

1. 全面梳理交付成果

从项目启动初期开始，采购人员就要联合需求方与供应商，紧密围绕项目目标与合同条款，对项目全周期的成果进行系统性梳理。比如在设备采购项目中，不仅要清晰罗列设备主体的型号、规格，还须全面梳理随机附件、专用工具以及各类技术文件等，搭建起初步的交付成果框架。同时，深度回溯项目启动和规划过程所明确的交付要求，确保提炼出的交付成果完整且准确，避免任何可能的遗漏。

2. 制作项目交付清单

基于上一步梳理出的交付成果，将各项内容转化为详细、规范的清单形式。清单中要明确注明设备的型号、配置、数量、精确技术参数，以及明确各项成果对应的质量标准，做到内容具体、可量化、便于验收，让每一项交付内容都清晰、明确，为后续的验收工作提供坚实的基础。

3. 多方审核消除歧义

组织项目团队、需求方以及其他利益相关者，共同对移交清单内容展开全面审核。各方充分交流讨论，针对清单中的各项内容达成一致理解，及时发现并消除潜在的歧义与分歧。只有当清单得到各方一致认可时，才能为项目成果的顺利移交提供有力保障。以下提供了一个设备采购的样例，供大家参考。

【样例】

设备采购项目移交清单

一、设备实体及配件

主设备：［设备名称］，型号为［具体型号］，数量［×］，附带［设备关键配件1］、［设备关键配件2］。

备用配件：［配件1名称］，［规格型号］，数量［×］；［配件2名称］，［规格型号］，数量［×］。

专用工具：［工具1名称］，用于［操作1］；［工具2名称］，用于［操作2］。

二、技术文档

设备说明书：涵盖设备操作、维护、保养等内容。

技术图纸：包括装配图、电气原理图、零部件图等。

质量检测报告：设备出厂质量检测报告，含各项性能指标检测数据。

认证证书：如［具体认证名称］认证证书，证明设备符合相关标准。

三、培训资料

操作培训资料：如操作手册、培训PPT、操作视频教程，指导正确操作设备。

维护培训资料：维护手册、常见故障排查指南，帮助进行设备日常维护。

培训记录：记录培训时间、地点、参与人员、培训内容及考核结果。

四、售后服务相关

售后服务协议：明确售后服务内容、响应时间、服务期限等。

技术支持联系方式：售后团队电话、邮箱、紧急联系人等。

五、其他

采购合同及补充协议：双方签订的采购合同及执行过程中的补充协议。

变更记录：设备规格、配置等方面的变更记录及双方确认文件。

在移交成果时，确保清单上的每一项都得到了妥善的处理和移交。同时，建议与接收方进行面对面的沟通或会议，以解答疑问并确保所有内容都被正确理解。最后，务必保留一份移交清单的副本，以备将来参考。

7.3.2　核对实物与文档

作为采购项目经理，为达成项目目标，在有了成果清单后，对实物与文档进行核对是确保项目顺利交付的关键环节，可从硬件、软件、知识三个方面开展。

1. 硬件移交核对

（1）规格参数核对：依据交付清单，仔细检查硬件设备的型号、配置、尺寸、材质等规格参数。例如服务器采购项目，核对服务器的 CPU 型号、内存容量、硬盘数量及容量等是否与清单一致。

（2）外观与完整性检查：查看硬件设备外观有无损坏、划痕、零部件缺失等情况，确保设备完整无缺。对于组装类硬件，检查各部件连接是否牢固，配件是否齐全。

（3）运行状态测试：对硬件设备进行通电测试，检查其能否正常运行，各项功能是否符合要求。例如测试打印机的打印速度、清晰度、色彩还原度等功能是否达标。测试完成后，记录测试结果并由双方签字确认。

2.软件移交核对

（1）版本与功能验证：确认软件的版本号与交付清单是否一致，并依据需求文档和功能说明书，逐一测试软件的各项功能是否正常运行。例如财务软件，检查账务处理、报表生成、数据分析等功能是否符合预期。

（2）安装与部署检查：核对软件的安装程序、安装步骤说明是否完整准确，在指定环境中进行安装测试，检查是否存在安装错误、兼容性问题等。同时，确认软件部署的服务器环境配置是否与文档要求一致。

（3）授权与许可证核实：检查软件的授权方式、使用期限、许可数量等是否与合同及交付清单相符，确保软件使用的合法性。

3.知识移交核对

（1）培训资料完整性检查：检查知识移交涉及的培训资料，如操作手册、培训PPT、视频教程等，是否齐全，内容是否涵盖软件和硬件的操作方法、日常维护要点、常见故障排查等关键知识。

（2）培训效果评估：通过理论考核、实际操作演练等方式，评估接收方对知识的掌握程度，确保知识有效移交。例如组织操作人员进行软件操作考核，维修人员进行硬件故障维修实操，检验其是否具备独立操作和维护能力。

（3）答疑与沟通记录留存：在知识移交过程中，记录接收方提出的问题及解答过程，对于未解决的问题，明确后续沟通和解决机制，确保知识移交的完整性和准确性。

7.3.3　签署移交协议

项目完成验收后，千万不要忘记签署移交协议。它不仅是对项目成果归属的确认，更是后续追溯项目历程、开展复盘工作的重要依据，能让我们总结经验教训，为未来项目提供助力。具体工作包括如下三项内容。

1. 严格核对与签字确认

在项目成果移交时，采购人员得充分发挥组织协调作用。牵头组织供应商、接收方等，依据既定移交清单开展现场核对。以大型设备采购项目为例，不仅要核对设备的型号、数量，像是不是清单要求的高精度加工设备、数量是否与合同一致；还要核查随机附带的说明书、保修卡等资料是否齐全。各方秉持严谨态度，对清单内容逐一确认，保证移交成果与清单完全相符。核对无误后，各方在移交清单上签字。这一签字，明确了各方责任，比如供应商要保证设备质量在一定期限内无问题，接收方确认收到符合要求的成果，清晰呈现交接状态，保障成果移交完整、准确。

2. 保持沟通与解决分歧

在整个移交过程中，沟通极为关键。项目团队与接收方应建立常态化沟通机制。比如搭建专门沟通群，方便随时交流，设备安装时遇到技术难题，接收方在群里提出，项目团队能及时安排技术人员解答；或者定期召开沟通会议，集中解决问题。一旦出现意见分歧，如对设备某功能是否达标有争议，双方要积极协商，坦诚交流、换位思考。若协商难以达成一致，必要时邀请中立的专业第三方评估，如请行业权威检测机构检测设备性能，或请领导出面协调，推动移交工作顺利进行。

3. 签署协议与项目收官

当各方就移交内容、过程及结果达成一致时，签署移交协议便是关键收官环节。移交协议是具有法律效力的文件，明确了各方权利义务。例如在软件开发项目移交中，协议会规定开发方后续维护责任、接收方付款方式等。签署协议意味着各方认可移交工作，日后若出现成果质量、资料缺失等问题，都能依据协议解决，有效规避后续潜在纠纷，为项目画上完美句号。

7.4　萃取经验，要有流程

项目验收了，成果也移交了，并不是项目的真正结束，项目交付收尾过程，对于懂项目管理的优秀采购而言，萃取经验是一项极具价值的工作。将萃取得到的内容整理成经验教训登记册，就如同建立一本错题集，从而实现吃一堑长一智，这本质上是一个知识管理的过程。

倘若缺乏规范流程，便很难挖掘到真正有价值的内容，往往只能进行表面性的回顾，容易遗漏关键要点，无法将这些经验教训转化为企业的宝贵财富，自然也难以避免在后续项目中再次犯错。

萃取经验过程中，问题也不少。成员因忙碌或团队解散，参与热情不高，反馈机制缺失更让大家不愿开口分享。项目结束后，关键信息容易模糊、丢失，成员记忆偏差还会让经验教训失准，而且还会过度聚焦问题、缺乏结构化方法，萃取往往流于形式。就算成功萃取，不用于后续项目，也是竹篮打水一场空。所以，预留时间、鼓励参与、保证信息完整、采用结构化方法、兼顾成败、建立应用机制，才能真正萃取到有价值的经验和教训。

7.4.1　规范萃取流程，确保萃取真经

召开采购复盘会议并萃取真正的经验，需要借助系统化方法与结构化讨论流程。会前先明确核心目标：归纳成功实践以形成可复制模板；

深入剖析采购中的不足与失败缘由；制定具体可行的改进举措；将经验教训整理成文档，为后续项目提供参考。同时，做好会前准备工作，收集采购计划执行记录、供应商绩效数据、风险管理记录和相关方反馈等资料，设计 1 ～ 2 小时（可根据采购复杂度调整）的会议议程，并备好白板、在线协作工具以及经验教训记录模板等。

以下是详细的复盘步骤与实用建议。

（1）采购过程回顾。由采购经理简要梳理采购流程，涵盖需求分析、供应商选择、合同签订、交付验收等环节。运用甘特图或时间线直观呈现关键节点与里程碑。可以思考：采购流程是否按计划推进？哪些环节出现了偏离？

（2）成功经验分享。引导团队探讨采购中的成功之处，比如精准的供应商选择、有效的成本控制等。借助头脑风暴或 SWOT 分析工具，记录成功因素。可以探讨：哪些环节表现出色？哪些工具或方法助力了成功？哪些供应商表现优异，原因是什么？

（3）问题与不足分析。组织团队讨论采购中遇到的问题与挑战，如交付延迟、质量问题等。使用鱼骨图（因果分析）或 5 Why（5 问法）工具，深挖问题的根本原因。可以思考：哪些环节出现了问题？问题的根源是什么？哪些风险未得到有效管控？

（4）改进措施讨论。针对发现的问题与不足，共同商议具体的改进办法。依据 SMART 原则制订切实可行的行动计划。可以探讨：怎样避免类似问题再次发生？哪些流程或工具需要优化？是否需要调整供应商评估标准？

（5）总结与下一步行动。总结会议成果，即明确归纳出的经验教训以及确定的改进措施。分配后续任务，如更新采购流程文档、优化供应商评估标准等。确定下一次复盘会议的时间，如安排季度复盘。

萃取采购经验时，需要掌握以下关键技巧。

（1）专注事实，杜绝指责。讨论问题时，将注意力放在流程上，而非针对个人。营造开放、安全的讨论环境，让大家能畅所欲言。

（2）深挖问题根源。借助 5 Whys 或鱼骨图等工具，透过表面现象，深入挖掘问题的根本原因。例如，当面临交付延迟问题时，深入追问：为什么会交付延迟？（是物流供应商未按时发货。）那为什么物流供应商未按时发货？（是其产能不足。）又为什么产能不足？（是未提前确认供应商产能。）如此层层追问，得出根本原因是：供应商评估不全面。

（3）兼顾成败分析。在复盘过程中，既要全面总结成功经验，从中提炼可复用的方法和策略，也要对失败原因进行深入剖析，避免只谈成绩不谈问题，做到客观公正地看待采购过程。

（4）制定有效措施。针对每条总结出的经验教训，制定具体、可执行的改进措施，并明确责任人。确保改进措施能切实落地，避免经验教训的总结流于形式。

（5）整理共享知识。把萃取的经验整理成正式文档，存入公司知识库。通过邮件、内部平台等方式，及时分享给相关团队，实现知识的共享与传承，让其他团队也能从中受益。

通过以上系统化的复盘流程和结构化的讨论方法，团队可以萃取出真正的经验，为未来采购工作提供宝贵参考。关键在于聚焦事实、深入分析、制定可执行的改进措施，并将复盘成果文档化、制度化，形成持续改进的文化。

7.4.2　巧用三差分析，萃取项目经验

收尾过程，萃取经验意义重大，但从哪里作为切入点萃取经验呢？三差分析便是非常好的切入点。三差分析，包括绩效差距、机会差距、对标差距。差距是改善的动力，也是进步的机会。

绩效差距，是绩效结果与绩效目标的差距，也就是干系人期望结果

与项目交付成果之间的差距。采购项目中，通过剖析进度、成本、质量等方面的偏差，总结精准计划、资源优化及执行监控的方法。

机会差距，是错失外部机会带来的潜在损失或收益。分析关注项目中的外部机遇，如新技术、价格波动、政策调整等。及时把握机会可提升效益，反思机会把握情况，能增强团队对外部变化的敏感度与应对能力。

对标差距，是指对比项目结果与竞争对手或业界最佳实践之间的差距。通过对比，借鉴他人长处，提升管理水平，提升自身优势，强化竞争力。

三差分析从内部执行、外部机遇、行业标杆三层面全面剖析项目，助力团队精准定位问题，学习经验，规避错误，实现项目效益最大化。

📠【案例】

巧用三差分析，复盘医疗设备采购项目

张伟是一家大型综合医院的采购项目经理，负责采购一批新型数字化 X 光机，旨在提升医院影像诊断效率和准确性，满足日益增长的患者需求。这一任务对医院发展至关重要，领导对此寄予厚望。

项目结束后，张伟迅速开展三差分析，力求从中挖掘宝贵经验与教训。

在绩效差距分析环节，张伟发现 X 光机采购成本超出预算 15%。原来，在供应商谈判中，对设备配件及后期维护费用的预估不足，合同条款不够细化，导致发生额外支出。设备交付时间也比计划延迟一周，原因是运输环节遭遇突发状况，物流方案缺乏应急预案。同时，安装调试过程中，因技术人员对新技术理解不够深入，致使调试时间延长，影响了设备投入使用的进度。

在机会差距分析环节，张伟意识到，在采购过程中，市场上出现了

更先进的图像算法技术，可显著提升 X 光机成像质量，还能缩短扫描时间，减少患者不适。但由于采购团队一心按既定方案推进，未关注到这一技术突破，错失了提升设备性能的机会。另外，一家新兴供应商推出了极具吸引力的售后服务套餐，涵盖免费定期维护、优先技术支持等，但采购团队因习惯与老牌供应商合作，没有考虑新供应商，错失了更优质的服务。

在对标差距分析中，张伟了解到，同城另一家医院在采购类似设备时，通过组建跨部门评估小组，邀请临床医生、技术专家和财务人员共同参与，全面评估设备性能、价格和售后服务，最终采购的设备性价比更高。而自己所在医院主要由采购部门主导，缺乏多部门深度参与，导致评估不够全面。此外，那家医院与供应商建立了长期战略合作伙伴关系，在设备升级、技术培训等方面获得了更多支持，反观自己所在医院，合作模式较为传统，灵活性不足。

通过三差分析，张伟总结出一系列经验教训。在后续采购项目中，他组建了跨部门采购团队，加强预算和风险管理，密切关注市场动态，积极与供应商建立长期合作关系。这些举措让后续采购项目更加顺利，不仅为医院节约了成本，提升了设备采购质量，张伟也凭借出色的项目管理能力，获得了领导和同事的一致认可。

【案例点评】

张伟对医疗设备采购项目的三差分析，为项目管理提供了良好范例。

通过绩效差距分析，找出成本超支、交付延迟、调试延长的原因，暴露出预算、运输及技术人员能力等方面的问题。通过机会差距分析，发现因未关注新技术和新供应商，错失提升设备性能和获取优质服务的机会。通过对标差距分析，认识到缺乏跨部门参与和传统合作模式的不足。

张伟通过分析总结经验教训，组建跨部门团队、加强管理、关注市场、建立长期合作，有效提升了后续项目质量，节约了成本。这表明三差分析能深入剖析项目问题，助力改进，提升项目管理水平，值得借鉴。

7.4.3 剖析经验教训，融入十大知识领域

在复盘和反馈收集的基础上，须精准识别项目中的最佳实践和教训。最佳实践是项目中表现出色、可推广至其他项目的做法；教训则是需要避免或改进的错误与不足。将这些经验教训归集到项目管理知识体系定义的十大知识领域，能进一步实现结构化，便于理解与后续传播应用。具体如下。

（1）项目整合管理：回顾项目各阶段衔接是否顺畅，资源分配是否合理。例如，项目进度与成本出现冲突时，分析当时的协调策略是否有效，能否在今后项目中平衡各方需求，实现资源最优配置，保障项目整体目标达成。

（2）项目范围管理：审视项目范围规划是否准确，范围变更控制是否得当。例如，是否因范围界定模糊导致项目延误或成本增加，后续项目该如何精准定义范围，规范变更流程，防止范围蔓延。

（3）项目进度管理：评估进度计划制订得是否科学，执行过程中是否有效监控。比如分析项目延期的原因，是任务估算失误还是资源调配不及时，总结出优化进度安排和动态跟踪的方法。

（4）项目成本管理：核算实际成本与预算的偏差，分析成本超支或节约的因素。比如分析原材料价格波动、人工效率变化等对成本的影响，为后续项目成本预算和控制提供参考。

（5）项目质量管理：检查项目成果是否达到质量标准，质量控制措施是否有效。若出现质量问题，剖析是质量规划不完善，还是执行过程

中监督不到位，进而明确改进方向。

（6）项目资源管理：盘点人力、物力、财力等资源的获取、分配和使用情况。例如，是否存在资源闲置或短缺，如何优化资源配置，提升资源利用效率。

（7）项目沟通管理：反思沟通渠道是否畅通，信息传递是否及时准确。若因沟通不畅导致误解或冲突，总结如何改进沟通方式，确保项目信息在团队内外有效流通。

（8）项目风险管理：复盘风险识别、评估和应对过程。查看是否有遗漏的风险，已识别风险的应对措施是否有效，从中提炼出更完善的风险管控策略。

（9）项目采购管理：回顾采购流程执行情况，总结供应商选择和管理的经验教训。比如对于供应商交货延迟、质量不达标等问题，思考如何优化采购流程，加强供应商关系管理。

（10）项目干系人管理：分析对干系人期望的管理是否到位，是否因忽视某些干系人需求而影响项目。探索如何更全面地识别干系人，有效管理他们的期望，获取他们的支持。

通过这种系统归类，能更清晰地分析项目的成功因素与失败教训，深入理解每个知识领域须改进或保持之处，进而制订出更具针对性和可操作性的改进计划。最终，将所有经验教训融入今后的管理流程，即项目管理十大知识领域，持续提升项目管理水平，推动项目不断迈向成功。

7.5　实践探索：懂与不懂，专业采购的分水岭

在本书的最后一章，我特别设置了"实践探索"这一节重要内容。让我们重温本书的核心观点：好采购要懂项目管理，领导把任务交给你，你就是采购项目经理；将项目管理知识运用到采购工作中，能够让采购

更专业，项目更成功。那么，如何将书中所学的项目管理知识全面应用到实际采购工作中呢？其中必然有成功的经验，也会有失败的教训。

下面，让我们一同深入探索，在采购实践中，究竟该如何应用这些项目管理知识。

7.5.1 缺乏项目管理知识，采购工作囧态频频

在本书的尾声，让我们思考一个问题：当把采购任务视为项目时，倘若缺乏项目管理知识，会面临怎样的局面？这不仅是对书中知识的回顾，更是一次自我审视，帮助我们检验是否掌握了关键要点。

下面从项目管理的十大知识领域，分析可能存在的不足与改进建议。

1. 项目整合管理

欠缺表现：采购计划与整体项目计划脱节，执行时忽视整体目标及各领域联系，跨部门协作沟通不畅导致工作重复或遗漏，这可能导致采购工作与项目其他环节难以协同，出现资源浪费或关键任务延误，影响项目按时交付。

改进建议：制订全面项目管理计划，确保各环节协调一致。加强跨部门沟通，建立有效协作机制。

2. 项目范围管理

欠缺表现：与需求部门沟通少，采购需求模糊，产品或服务难达要求，同时变更管理流程缺失，采购范围易失控，任务范围界定不清，这会使得采购的产品或服务无法满足项目实际需求。频繁的变更和范围失控导致采购成本增加，项目进度拖延，甚至可能需要重新采购。

改进建议：深入沟通明确需求，制定工作分解结构，建立严格的变更管理流程。

3. 项目进度管理

欠缺表现：对采购各环节时间预估不准，无详细进度计划，缺乏监控，不了解关键路径，易与其他活动脱节，这将造成采购物资无法按时到货，导致生产停滞或项目关键节点无法按时完成，可能引发一系列连锁反应，影响整个项目的交付时间和质量。

改进建议：制作甘特图或制订里程碑计划，建立进度监控机制，及时纠偏。

4. 项目成本管理

欠缺表现：只看采购价格，忽视全生命周期成本，缺乏整体规划，无成本应急预案。如此一来，项目后期可能因维护、更换等成本过高导致预算超支，没有成本应急预案使得遇到突发情况时无法及时应对，影响项目的正常进行。

改进建议：详细估算成本，制定一个包括全生命周期成本的基准，建立监控机制和应急预案。

5. 项目质量管理

欠缺表现：质量标准不清晰，验收不严格，处理不合格产品不及时，缺乏整体质量规划，这会让不合格产品流入项目，可能导致产品质量问题，影响项目的最终成果和企业声誉，甚至可能引发客户投诉和索赔。

改进建议：制订质量管理计划，明确标准、检验方法和验收流程，严格验收。

6. 项目资源管理

欠缺表现：采购团队专业结构不合理，内部资源规划不足，物资管理统筹不善，资源分配不合理，这会致使采购工作效率低下，团队成员无法发挥最大效能，物资积压或短缺，导致成本增加和项目进度受影响。

改进建议：合理配置团队成员，制订资源管理计划，建立物资管理体系。

7. 项目沟通管理

欠缺表现：沟通方式传统，无全面计划，信息传递不及时，关键细节沟通不足，这会造成团队成员之间信息不对称，工作衔接出现问题，可能导致采购决策失误，与供应商或内部相关部门产生误解和矛盾。

改进建议：制订沟通管理计划，运用信息化工具，加强沟通培训。

8. 项目风险管理

欠缺表现：对多种风险认识不足，缺乏识别方法，即便识别了风险也无有效应对措施。这使得当风险来临时无法及时应对，可能导致采购成本大幅增加、供应商中断合作等问题，严重影响项目的稳定性和可持续性。

改进建议：全面识别并分析风险，制订应对计划，定期监测并调整。

9. 项目采购管理

欠缺表现：采购策略不灵活，合同条款审核不严，对采购管理流程理解不深，这会导致无法根据市场变化和项目需求及时调整采购策略，合同存在漏洞可能导致经济损失，采购流程混乱影响工作效率和质量。

改进建议：制订灵活的采购管理计划，加强合同审核，明确管理流程。

10. 项目干系人管理

欠缺表现：与内部相关部门或供应商沟通不畅，忽略关键相关方，相关方需求理解不全面，这会造成内部相关部门对采购工作不配合，供应商积极性不高，相关方满意度下降，可能导致项目支持不足，甚至出现阻碍项目进展的情况。

改进建议：进行相关方分析，制订参与计划，建立良好合作模式。

上述领域的不足会导致采购效率低下、风险增加，与项目目标相悖。采购项目经理须提升项目管理知识的应用能力，保障采购任务顺利完成，助力项目成功。

7.5.2　缺少项目经理，生产线迟迟不能验收

在采购项目中，存在三种典型类型：新产品开发、设备采购与管理改善。其中，设备采购具有采购频率低、金额高且风险大的特点，一旦处理不当，会给公司造成重大损失与影响。例如，因缺少项目经历，就曾出现过生产线迟迟无法验收的情况。接下来，为大家详细讲述一个案例。

【案例】

缺少项目经理，生产线迟迟不能验收

在繁华都市的边缘，有一家颇具规模的制造企业，为了提升生产效率、扩大产能，该企业豪掷 1 000 万元，从国外引进了一条先进的生产线设备。这本是企业发展的重要契机，可谁能想到，这条生产线却成了企业的一块心病，迟迟无法验收投入使用。

项目启动之初，由于没有明确指定一个从头到尾负责设备全生命周期的项目经理，各部门各自为政。生产车间一心想着生产线要操作简便、符合日常生产流程；设备部门关注设备的稳定性和维护便利性；工业工程（IE）部门则对生产线的布局和效率提升有自己的想法；项目部门更是从项目整体进度和客户需求出发，有着不同的诉求；采购部门和法务部

门也只专注于自己手头的事务，没有人来整合这些繁杂的信息。这就导致对生产线的要求混乱、不统一，各部门的声音相互交织，却始终无法形成一个明确的标准，验收工作自然也就难以推进。

验收责任人的缺失，更是让情况雪上加霜。采购部门觉得设备的验收理应由专业的设备部门负责，毕竟他们是管理设备的行家；设备部门却认为生产车间才是最终使用者，他们最有发言权，应该由生产车间来验收；生产车间又把责任推给了项目部门，声称是项目部门对接客户需求，提出的采购要求，所以项目部门才该负责验收。各部门相互推诿，谁都不愿意承担验收的责任，验收工作就这样被搁置下来，生产线只能在生产车间里静静地"躺"着，无法发挥它应有的价值。

除了以上问题，验收标准的模糊不清更是引发了企业与供应商之间的矛盾。在采购合同中，没有提前与供应商就详细的验收标准达成明确约定。当生产线到货安装调试后，买方企业从自身的使用需求和质量标准出发，认为生产线存在诸多问题，不合格；供应商却坚称生产线完全符合合同和图纸的要求。双方各执一词，争执不下，验收工作陷入了僵局，企业投入的 1 000 万元资金也仿佛打了水漂。

【案例点评】

该制造企业引进先进生产线却无法验收使用，问题根源及解决之道值得深思。

该企业在项目管理上存在诸多漏洞。一方面，缺乏统一协调，未设项目经理，各部门诉求不统一，无法形成明确标准，以致验收难推进；另一方面，验收责任不清，部门间相互推诿，搁置验收工作。再者，合同中未明确验收标准，企业与供应商各执一词，陷入僵局。

从这一案例中可汲取经验教训。企业应设立项目经理，统筹协调设备全生命周期管理，整合各方需求，制订清晰的计划和目标。明确验收责任人，依部门职能界定责任，避免互相扯皮。在采购合同签订前，与供应商充分沟通，将详细验收标准写入合同，保障自身权益。只有完善项目管理，明确责任与标准，才能避免类似问题的发生，让设备发挥应有价值，实现企业发展目标。

7.5.3 缺失整合管理，管理改善项目受挫

在采购项目中，新产品开发、设备采购和管理改善是三种典型类型。前两者各有特点，而管理改善项目情况更为复杂，其涉及众多部门与繁杂事务，对相关任务均有影响，涵盖跨部门、跨专业领域、跨管理流程等多个方面。正因如此，在管理改善项目中整合管理尤为关键，倘若缺乏有效的整合管理，项目将很难取得成功。下面我们就通过一个案例来深入了解管理改善项目的相关要点。

【案例】

缺失整合管理，管理改善功亏一篑

某大型制造企业长期受困于采购流程效率低下的问题，成本大幅超支，交付频频延误，企业整体运营和市场竞争力都受到严重影响。为摆脱困境，公司决定启动采购管理改善项目，经验丰富的采购部员工小李被委以重任，担任项目经理。然而，小李虽在采购业务上能力出众，但项目管理知识体系存在明显短板，对项目整合管理缺乏系统深入的认知。

项目启动阶段，小李迅速组建了由采购、财务、IT和供应链等关键部门人员构成的跨部门团队。可由于没提前明确项目具体目标和范围，团队成员对项目理解不同，难以形成合力，工作方向混乱。

在制订采购流程优化计划时，小李仅凭经验初步拟订方案，未与其他部门充分沟通协调。比如IT部门提出须升级采购系统以配合流程优

化，这一重要需求却未被纳入计划，导致计划片面且不完整。

进入执行阶段，小李把主要精力放在了采购流程优化上，忽略了与其他部门的协调。IT 部门因没得到明确工作指示，采购系统升级缓慢；财务部门提出的优化成本控制流程建议，也没得到小李及时回应处理，各部门工作节奏无法同步。

随着项目推进，协调问题不断，进展并不顺利。因为缺乏有效整合管理，项目实际目标逐渐偏离最初设定，成本超支和进度延误越发严重，却未得到及时纠正调整。

项目最终勉强完成，可效果远未达到预期。采购流程虽有一定优化，但因采购系统升级未按时完成，整体采购效率提升有限；财务部门成本控制需求未被满足，成本超支问题依旧突出。

该采购管理改善项目未能达成预期目标，公司管理层表示不满，小李也受到领导批评。项目失败给公司带来经济损失和时间浪费，也暴露出公司在项目管理方面存在诸多问题。

【案例点评】

该采购管理改善项目失败，暴露出诸多整合问题。启动阶段未明确项目具体目标与范围，团队成员认知不一，缺乏整合基础；计划制订时沟通协调不足，各部门需求未整合，导致计划片面；执行中过度关注采购流程，忽视了部门间协调，工作节奏无法同步整合；监控环节又缺少有效的整合管理措施，对目标偏离、成本超支和进度延误等问题未及时纠正。为避免类似情况出现，项目前期应明确目标范围，以统一团队思想；搭建跨部门沟通机制，确保计划和执行中的信息与需求充分整合；建立完善的监控体系，实时监测并整合关键指标以便及时纠偏；同时提升项目经理的整合管理能力，增强其统筹协调各部门、各环节的水平。

最后，让我们回顾一下，什么是整合管理？

整合管理是项目管理中至关重要的一个领域，它的核心目标是对项目的各个方面进行协调和统一，确保项目的目标、范围、进度、成本、质量、资源等各个要素之间能够相互配合、协同工作，最终实现项目的整体目标。整合管理贯穿于项目的整个生命周期，通过制订全面、系统的项目计划，协调各方的工作关系，实时监控项目的进展情况，并及时处理项目中的各种变更和问题，从而保障项目能够有序、高效地推进，避免出现各个环节之间的脱节和项目目标的不一致。

7.5.4　运用项目管理知识，加速新品上线

项目管理知识具有广泛的适用性，如果将一项采购任务当作一个项目，绝非仅局限于新产品开发、设备采购和管理改善等领域，而是能够贯穿于每一项采购任务之中。对于供应链管理公司而言，新品开发是至关重要的业务板块，成功开发出紧俏畅销的爆款产品，不仅能提升公司的市场竞争力，还能带来可观的经济收益。由于市场竞争激烈，这类产品往往需要在短时间内迅速完成开发。接下来，就让我们通过一个供应链公司新品开发上线的实际案例，深入了解项目管理知识在其中的具体应用和重要作用。

【案例】

10 天完成新品上线，Lucy 凭什么

链与链公司是一家有影响力的供应链管理企业，致力于连接专精特新产品的供应商和客户。近年来，怀着"家乡人、爱家乡、为家乡"的情怀，公司推动著名农产品产区的优质农产品经平台走向大城市消费者，采购部门负责选品。

2025 年春节，身为公司创始人兼采购总监的湖北恩施人 Lucy 返乡探亲，凭借敏锐的商业嗅觉，他发现家乡富含硒元素的特色农产品，如硒

土豆、硒茶叶等商机巨大。公司领导认可后, 将开发推广恩施农产品的项目交予她并任命她为负责人。

Lucy 深知挑战众多, 市场上要评估潜力、明确客户、分析对手, 供应端需找优质供应商, 商业模式上要规划销售策略和定价, 还有商标注册、包装设计等工作。但她凭借丰富采购经验和项目管理思维稳步推进。

(1) 在项目启动过程, Lucy 为项目确立了双重目标: 助力公司成为电商领域的领军者; 积极履行社会责任, 反哺家乡。目标既定, 她迅速行动, 利用人脉资源组建团队。邀请在政府部门工作、熟知政策的亲友, 为项目解读政策、对接资源; 召集中欧商学院同学负责市场调研与运营, 引入先进理念; 向学界老师请教, 获取建议并得到人才推荐; 引入供应链专家把控产品供应, 携手专业设计师塑造独特品牌。考虑到春节假期后时间紧迫, Lucy 制订了详细计划, 要求 10 天内解决关键问题。

(2) 在项目规划过程, Lucy 亲自带队开展市场调研, 全面分析恩施农产品的市场现状、趋势、客户需求及竞争对手情况。实地走访多个生产基地, 与农户、企业建立长期合作, 保障供应与质量, 并与供应链专家协作优化管理。经深思熟虑, 确定了 "线上 + 线下" 商业模式, 搭建电商平台拓宽渠道, 与线下商超合作提升销量。在进行商标注册时, 她主动咨询专家、准备材料, 与管理部门沟通。品牌设计紧密结合恩施地域特点和农产品特色, 打造简洁大方、辨识度高的品牌形象。

(3) 在项目执行过程, Lucy 充分发挥领导作用。在项目范围管理上, 严格把控各环节, 确保无关键事项遗漏; 在资源管理上, 高效调配人脉资源, 让团队成员各展其长; 在时间管理上, 严格按计划推进, 保障任务按时完成。

短短 10 天, 在 Lucy 的带领下, 项目取得显著成果, 建立起稳定的供应链体系, 打造出独特品牌形象并完成商标注册, 为后续采购及运营发展筑牢根基。

【知识回顾与思考】

在项目管理的收尾环节，验收项目、移交成果与萃取经验是至关重要的步骤。

验收项目需要有明确标准，像案例中 Lucy 开发恩施农产品项目，虽未提及验收，但规范的验收标准可确保成果符合预期。移交成果要有清单，能清晰界定责任，保障项目后续运营的连贯性。萃取经验要有流程，系统总结项目中的成功与教训，为未来项目提供参考。

在 Lucy 的项目中，她成功实现了建立供应链体系、打造品牌。Lucy 的成功，彰显了项目管理思维在采购工作中的强大作用。她精准把控范围、调动资源、管理时间，完成了艰巨任务，这也证明具备项目思维的采购人员能成为优秀的资源整合者和公司管理者，实现职业跨越。

思考一下，若要验收，应依据怎样的标准？移交成果时，清单该如何制定？萃取经验，又该遵循怎样的流程？通过对这些问题的思考，能更好地理解收尾过程组知识的应用，提升项目管理水平，让每个项目都能成为积累经验、提升能力的契机。

7.5.5　AI 赋能项目管理，重构采购专业力

随着 ChatGPT、DeepSeek 等先进 AI 工具的广泛应用，大模型技术正在重塑商业逻辑，AI 已从采购领域的辅助工具演变为战略级生产要素。所有采购从业者，必须成为 AI 时代的采购人，掌握 AI 这一新质生产力，将其从曾经的"加分项"转变为职场的"核心能力"。在采购项目管理中，运用 AI 技术，可以让采购更专业、项目更成功。

1. AI 重构采购项目管理六大知识领域

（1）整合管理：传统采购人员常局限于采购环节，缺乏全局观。 AI

搭建的一体化智能管理平台，能打破采购、生产、销售等部门的数据隔阂。例如，DeepSeek 智能中枢可以打通 ERP、SRM、PLM 等八大系统数据壁垒，构建采购数字孪生体，为采购人员提供全景式的项目视角。采购人员可以凭借这些整合数据信息，提前制订采购计划，达成资源的最优配置。

（2）范围管理：项目边界模糊易导致范围蔓延，增加成本与时间，还可能引发干系人不满。AI 凭借强大的数据分析能力，在项目启动阶段，通过深入剖析历史采购数据和类似案例，能够精准界定项目范围。在执行过程中，实时监控范围变动，动态校准边界，一旦出现异常，立即发出预警。

（3）干系人管理：采购工作中，采购人员与干系人的沟通协作一直是个难点。AI 搭建的智能沟通平台，通过需求穿透算法，借助自然语言处理技术，能实时捕捉干系人情绪变化，自动识别其需求与关注点，并依据沟通历史提供个性化沟通建议，及时解决问题。

（4）资源管理：采购工作常出现资源调配不合理的情况。AI 运用智能算法，根据采购任务的优先级和紧急程度，合理分配人力、物力、财力资源，有效提高资源利用效率，降低采购成本。

（5）风险管理：以往采购人员对潜在风险反应滞后。AI 利用大数据和机器学习技术，实时监测市场和供应商动态，提前预测风险。例如，DeepSeek 能"风险沙盒"模拟众多突发场景，当输入"评估东南亚芯片代工厂断供风险"的提示词时，系统 3 秒内输出备选方案集，包括晶圆储备建议、国产替代路线图，并自动触发二级供应商尽调流程。

（6）沟通管理：传统沟通方式在涉及多部门和外部供应商时效率低且易出错。AI 智能沟通工具实现了信息的实时共享与自动汇总，不仅能自动整理并分析沟通记录，清晰呈现关键信息，还能根据不同场景生成合适的沟通话术，有效提高沟通效果，降低沟通成本。

2. AI 深度融入采购项目管理五大过程组

（1）启动过程组：AI 深度分析历史数据、业务趋势和市场动态，精准挖掘采购需求，实现智能需求挖掘。同时，利用自然语言处理技术快速筛选潜在供应商。例如输入提示词"筛选长三角地区通过 ISO 14001 认证的精密铸造供应商"，可以大幅提高初筛的效率和质量。

（2）规划过程组：在制订采购计划时，AI 结合过往数据和项目目标，生成科学合理的采购计划，优化采购的时间点和数量。在合同规划方面，借助 AI 分析合同模板，可以预测风险点，完成合同风险预审。

（3）执行过程组：AI 实时监控订单执行状态，自动获取生产进度和物流信息，出现异常及时预警，实现智能履约追踪。在供应商协作管理中，还可以实现变更自动化。例如系统监测到"某型号传感器停产"时，自动触发工程变更（ECN）流程，迅速完成替代方案验证。

（4）监控过程组：AI 实时收集绩效指标数据，并与预设目标对比，通过"动态绩效看板"直观展示项目绩效，及时发现并纠正问题。同时，持续监测外部因素变化和项目执行情况，及时识别潜在风险。例如输入合规提示词"检测 Q1 医疗试剂采购中的围标特征"，系统通过报价离散度分析、投标 IP 溯源，可以识别疑似串标的案例。

（5）收尾过程组：在项目验收时，AI 辅助快速核对交付物与合同要求的一致性，提高验收的准确性和公正性。在经验总结方面，AI 可以实现智能复盘，分析项目文档、沟通记录和问题解决方案，提取经验与教训，存储于知识管理系统。当启动新项目时，系统自动推送"经验与教训"，为后续项目提供宝贵参考。

AI 工具不仅是一种高效的工具，更是一次思维的革新。它使采购人员从烦琐事务中解脱出来，专注于策略制定和关系维护，实现从被动应对到主动出击的转变，大幅提升采购决策的精准度与效率。这场由

ChatGPT、DeepSeek 等 AI 技术驱动的采购革命，正在重构"人机协同"新范式：采购专家聚焦价值创造，AI 系统处理确定性事务，提示词成为人机交互的"摩斯密码"。当每个采购人员都能像操作智能手机般自如运用 AI 时，采购项目管理的专业壁垒将升维为战略级的商业智慧。

附录

"好采购要懂项目管理，当领导把任务交给你，你就是项目经理"这句话在本书中频繁出现，旨在让读者明白，掌握项目管理知识能使采购更专业，推动项目成功。

但理论须经实践检验，才能释放其价值。因此，本书最后一章设为附录，提供几个工具和实战案例，带大家重温项目管理的关键知识点，给予读者启发，助力大家在采购与项目管理领域稳步前行，成长为兼具采购与项目管理能力的双料专家。

附录 A　采购项目管理的标准化检查清单

以下是一份采购项目管理的标准化检查清单（Checklist），它涵盖了从采购项目启动过程到收尾过程的全流程的关键节点，能够助力团队系统化地执行采购活动，有效降低风险并提高工作效率。

1. 采购项目启动过程

（1）需求确认。

- 是否已通过 WBS 清晰明确项目所需采购的物资或服务范围？
- 采购需求是否已经过项目经理、技术部门以及财务部门的联合签字确认？
- 是否已明确采购目标，包括成本、质量和交付时间等方面的目标，且这些目标是否符合 SMART 原则（具体的、可衡量的、可达成的、相关联的、有时限的）？

（2）利益相关者分析。

- 是否已识别出所有与采购相关的各方，如供应商、法务部门、物流部门、质检部门等？
- 是否已制订沟通计划，明确了会议频率、汇报路径等内容？

2. 采购规划过程

（1）采购管理计划。

- 是否已制定采购时间表，并且该时间表与项目的关键路径相匹配？
- 是否已完成成本估算，采用了类比估算或自下而上估算等方法，并且预留了应急储备金？
- 是否已定义清晰的验收标准，包括技术参数、质量证明文件等方面的要求？

（2）供应商管理。

- 是否已建立供应商评估标准，涵盖价格、质量、交付能力、信誉等维度？

- 是否已选择了合适匹配的合同类型，如固定总价合同、工料合同或成本补偿合同等？
- 是否已制定招标文件（如 RFP、RFQ），并明确了评标规则？

（3）风险管理。

- 是否已完成风险登记册，识别出了关键风险，如供应链中断、质量问题等？
- 是否已制定相应的风险应对策略，包括规避、转移、缓解、接受等措施？

3. 采购执行过程

（1）供应商选择与合同签订。

- 是否使用决策矩阵对供应商的提案进行了量化评估？
- 合同中是否包含了关键条款，如交付时间、付款条件、违约责任、变更流程等？
- 合同是否已经过法务部门、财务部门的审核并签字确认？

（2）交付跟踪。

- 是否通过甘特图或看板等实时监控供应商的生产或物流进度？
- 是否定期与供应商召开进度会议，如每周站会等？
- 是否对交付过程中出现的问题，如延迟交付、质量缺陷等，进行了记录并及时反馈？

4. 采购监控过程

（1）绩效与成本控制。

- 是否对 KPI 进行跟踪，包括准时交付率、缺陷率、预算消耗率等指标？

- 是否使用挣值分析方法评估成本与进度偏差？

（2）变更管理。

- 需求变更是否经过了变更控制委员会（CCB）的审批？

- 合同变更是否已进行更新，并重新签署了补充协议？

（3）风险应对。

- 是否定期更新风险登记册，并切实执行相应的应对措施？

- 是否触发了应急预案，如启用备选供应商等操作？

5. 采购收尾过程

（1）验收与交付。

- 是否按照验收标准清单完成了质量审查，如提供了第三方检测报告等？

- 是否签署了"物资验收确认单"，并将其归档保存？

（2）合同关闭。

- 是否已完成尾款支付，并确认供应商已完全履约？

- 是否已关闭合同，并将所有相关文件，如招标文件、合同、沟通记录等进行了归档？

（3）知识沉淀。

- 是否召开了采购复盘会议，并记录了经验教训？

- 是否已更新供应商绩效数据库，如记录了交付准时率、质量评分等信息？

通过使用这份检查清单，团队能够系统化地执行采购活动，避免遗漏关键环节，从而确保采购工作的专业性和高效性，为项目的成功实施提供坚实可靠的保障。实践中，可以定期回顾检查清单，根据项目反馈及时优化采购流程。

附录 B　通用 SOW 编写模板及填写说明

1. 项目概述

项目名称：简洁概括项目核心，突出主要内容，让相关人员能快速了解项目主题，如 "［公司名称］业务拓展项目"。

项目背景：阐述项目开展的缘由，涵盖市场动态、公司战略调整、内部需求变化等因素，帮助阅读者理解项目起源，如 "由于市场份额扩大，现有业务流程效率无法满足订单增长的需求，所以启动业务流程优化项目"。

项目目标：明确项目期望达成的成果，要求具体、可衡量、可达成、相关联且有时限（SMART 原则），如 "到本季度末，将业务流程处理时间缩短 30%，错误率降低至 5% 以内"。

2. 需求说明

产品或服务描述：详细阐述所需产品或服务的特性，包括功能、性能、规格等关键要素。如果是产品，须明确尺寸、材质、技术参数；若是服务，要说明服务范围、质量标准等，如 "定制的软件服务需具备用户信息管理、订单处理和数据分析功能，响应时间不超过 3 秒"。

数量：用具体数值量化所需产品数量或服务频次、时长，如 "采购多少套专业办公软件" 或 "服务周期为连续 12 个月"。

交付时间：精准确定交付截止日期，确保项目进度可控，如 "［具体年月日］前完成产品交付"。

3. 任务与工作内容

任务清单：逐一罗列完成项目涉及的各项任务，如市场调研、方案设计、执行实施等，确保无遗漏。

任务描述：详细说明每项任务的操作流程、预期效果，为执行人员提供清晰指引，如"市场调研任务须涵盖至少 500 个目标客户样本，通过线上问卷和线下访谈收集数据，形成包括市场规模、竞争对手分析的调研报告"。

执行顺序：用流程图、序号或文字描述等形式展示任务先后顺序，便于项目团队和合作方合理规划工作，如"先完成需求分析，再进行方案设计，最后进入执行过程"。

时间节点：为每项任务设定明确的开始和结束时间，便于监控进度，如"需求分析任务在［开始日期］至［结束日期］完成"。

责任人：指定每项任务的负责主体，可以是个人、团队或部门，明确责任归属，如"方案设计由公司内部的产品研发团队负责"。

4. 交付成果

成果清单：详细列举项目完成后交付的内容，包括实体产品、文档资料、服务成果等，如"交付定制化的软件系统、软件使用手册和培训服务"。

成果要求：针对每个交付成果，明确质量、规格、性能等方面的标准，如"软件系统须通过兼容性测试，兼容主流操作系统和浏览器；软件使用手册内容完整，涵盖操作步骤、常见问题解答"。

5. 验收标准

验收指标：确定量化或可明确判断的验收依据，如产品性能指标、服务质量标准、项目完成进度等，如"软件系统上线后，系统可用性达到 99% 以上，响应时间平均不超过 2 秒"。

验收流程：清晰阐述验收的具体步骤，包括验收时间、参与人员、验收方式等，如"项目完成后 10 个工作日内，由项目发起部门和第三方专业测试机构共同进行验收，通过功能测试、性能测试和用户验收测试等环节"。

6.其他条款

合同条款：简要提及与合同紧密相关的重要条款，如付款方式、违约责任、知识产权归属等，如"合同签订后支付 20% 预付款，项目阶段性成果验收合格后支付相应比例款项，尾款在项目整体验收合格后支付；若一方违约，须按照合同金额的 10% 支付违约金"。

保密条款：若项目涉及保密信息，须明确保密内容、期限和责任，如"合作双方应对项目过程中知悉的商业秘密、技术资料等保密，保密期限自合同签订之日起 5 年，若泄露须承担相应法律责任"。

附录 C　运用项目管理思维，策划与强势供应商的谈判

一场谈判也是一个项目，在谈判中引入项目管理思维，能够把零散的谈判动作整合为系统化的谈判策略。特别是在应对强势供应商时，这种思维方式能显著提高谈判的成功率。接下来，我们以项目管理的五大过程组为框架，设计一套谈判策略，并结合采购实战场景和工具模板（示例），展示如何运用项目管理工具突破强势供应商带来的困局。

1.启动过程组：明确谈判战略定位

（1）定义谈判目标（SMART 原则）。

量化目标：遵循 SMART 原则，确保谈判目标具体、可衡量、可达成、相关性强、时限明确。例如，将采购单价从 50 元降至 45 元，付款

账期从 30 天延长至 60 天。不能写"争取更好的价格"这种模糊的目标。

干系人分析：对谈判中的干系人进行全面分析，包括供应商销售人员、技术人员等，制定具有针对性的谈判策略（见表 C-1）。

表 C-1 干系人分析表

角色	核心诉求	影响力	谈判策略
供应商销售人员	完成季度业绩	高	利用其业绩压力施压
供应商技术人员	推广新技术	中	承诺后续合作换取让步

（2）组建谈判团队（RACI 矩阵）。

运用 RACI 矩阵，组建高效的谈判团队，并明确各成员的责任（见表 C-2）。

表 C-2 角色分工表

成员	责任（RACI）	核心任务
采购经理	R（负责）	主导谈判节奏，决策关键条款
技术专家	A（批准）	评估技术替代方案，施加技术压力
法务顾问	C（咨询）	审核合同条款合法性
财务总监	I（知情）	提供成本分析数据

2. 规划过程组：制定战术路线图

（1）谈判 WBS 示例。

一级任务示例：

1.1 供应商情报收集

1.2 制订最佳替代方案

1.3 设计谈判路线图

1.4 模拟对抗演练

子任务示例：

1.1.1 收集供应商产能利用率数据，以此判断其供货压力

1.2.1 评估备选供应商的交期与成本差距

1.3.1 制作价格、交期、付款条件的让步阶梯表

（2）风险登记册。

制作风险登记手册，提前识别谈判过程中的潜在风险并制定应对策略（见表 C-3）。

表 C-3　风险登记册

风险事件	概率	影响	应对策略
供应商拒绝降价	高	高	抛出备选供应商报价施压
技术规格变更导致成本上升	中	中	提前锁定技术标准，签订变更罚则

（3）谈判里程碑计划。

制订谈判里程碑计划，明确谈判过程中的关键里程碑和交付物，确保按时完成各项任务（见表 C-4）。

表 C-4　谈判里程碑计划

里程碑	时间节点	交付物
完成供应商成本模型	第 3 天	供应商成本拆解分析报告
确定最佳替代方案	第 5 天	备选供应商合作方案
模拟谈判演练完成	第 7 天	谈判剧本与谈判话术库

3. 执行过程组：结构化谈判推进

（1）谈判阶段控制（PDCA 循环）。

谈判阶段可借助 PDCA 循环实现有效控制。

计划（Plan）：依谈判剧本有序抛出议题，如先技术标准后价格，掌控节奏。

执行（Do）：运用"条件交换"策略，如降价 5% 则增 20% 订单量，以利益换目标。

检查（Check）：实时记录供应商反应，比对实际绩效指标与预设目

标，分析偏差。

处理（Act）：依据比对结果，灵活变更策略，若供应商对价格敏感，便转攻付款账期。

（2）信息管理工具。

供应商成本模型：通过对供应商成本的细致拆解，找到谈判的有力抓手（见表 C-5 ）。

表 C-5　成本模型

成本项	供应商报价（元）	市场公允价（元）	差距	谈判抓手（策略）
原材料	30	25	+ 20%	收集数据
人工	10	8	+ 25%	用数据说话

（3）沟通管理（谈判话术库）。

准备好谈判话术库，提前准备好针对不同供应商立场的应答策略（见表 C-6 ）。

表 C-6　谈判话术库

供应商立场谈判话术	预设应答策略
"我们的技术无可替代"	"B 公司已提供相同技术方案，价格低 10%"
"最多只能降 3%"	"若降至 5%，可签订 2 年合作框架协议"

4. 监控过程组：动态纠偏与升级

（1）谈判仪表盘（实时监控）。

利用谈判仪表盘，实时监控 KPI，及时发现谈判中的问题，并采取相应的行动（见表 C-7 ）。

表 C-7　谈判仪表盘

KPI	目标值	当前值	偏差	行动项
单价降幅	10%	6%	4%	抛出备选供应商报价施压
付款账期	60 天	45 天	+ 15 天	以增加订单量交换条件

（2）变更控制流程。

建立有效的变更控制流程，能够确保变更得到合理的评估和决策。

5.收尾过程组：固化成果与知识沉淀

（1）成果交付。

合同签署：在谈判结束后，确保所有口头承诺都书面化，例如添加"技术协议附录"，避免后续纠纷。

实施路线图：明确供应商切换步骤，如设定 3 个月过渡期，逐步增加新供应商的订单量，确保采购工作的平稳过渡。

（2）经验教训登记册。

对谈判过程中的成功经验和待改进点进行总结，为未来的谈判提供宝贵的参考，并整理成经验教训登记册（见表 C-8）。

表 C-8　经验教训登记册

成功经验	失败教训（待改进项）
备选供应商报价成功施压	技术替代方案准备不足
成本模型拆解精准有效	法务条款审核延迟 3 天

本指南（即附录 C）旨在帮助采购团队在面对强势供应商时，运用项目管理思维，制定系统化、结构化的谈判策略，提高谈判的成功率。

附录 D　采购流程优化项目范围撰写指南（五步法）

对管理改善类项目，明确并管理项目范围是确保项目成功的关键。对于采购流程优化项目而言，同样如此。以下是一套实用的五步法，旨在帮助采购项目团队准确界定项目范围，并有效推动采购流程优化项目的实施。

1. 需求锚定会议：锁定核心问题与优化目标

（1）目标：通过跨部门访谈，深入剖析采购流程中的业务痛点，明确需要优化的具体领域。

（2）操作指南（5W1H 分析框架）：

- Why（为什么）：阐述当前采购流程存在的问题及其对业务的影响，如审批流程烦琐导致采购周期延长。
- What（做什么）：明确优化目标，如简化审批流程以提高采购效率。
- Where（在哪里）：确定项目实施的范围，如针对特定地区或业务部门的采购流程。
- Who（谁）：识别关键干系人，包括采购、财务、生产、法务等部门的负责人。
- When（何时）：制订项目时间计划，明确各阶段的时间节点。
- How（怎么做）：确定优化方法论，如采用流程再造、数字化工具等。

（3）输出示例：

- 关键干系人清单。
- 项目阶段划分图。
- 优化方法论选择报告。

2. 流程现状测绘：全面还原采购流程全貌

（1）目标：运用可视化工具，详细描绘采购流程的现状，识别问题所在。

（2）操作指南：

- 绘制 AS-IS 现状流程图：标注采购流程各环节的输入、输出、责任人及耗时。

- 制作痛点热力图：通过数据量化呈现问题，如采购订单的退回率及原因。

- 绘制价值流图（VSM）：识别采购流程中的非增值活动。

（3）输出示例：

- AS-IS 现状流程图。

- 痛点热力图。

- VSM 价值流图及非增值活动清单。

3. 范围边界定义：明确"做与不做"的界限

（1）目标：清晰界定项目范围，防止范围蔓延。

（2）操作指南：

- 制定项目范围清单（InScope/OutofScope），明确项目范围内外的工作。例如：

- InScope（包含）：优化供应商选择流程、改进采购订单审批系统。

- OutofScope（排除）：供应商绩效考核体系的重构（这属于另一个项目）。

- 使用 MoSCoW 法则对需求进行优先级排序，确保资源合理分配。例如：

- Must have（必须有）：如缩短审批时间至 5 天以内。

- Should have（应该有）：如开发电子化采购申请表，提高申请效率。

- Could have（可以有）：如供应商门户系统的对接，方便信息共享。

- Won't have（不会有）：如 AI 自动比价功能（计划在未来项目中实现）。

（3）输出示例：

- 项目范围清单。
- MoSCoW 优先级矩阵及需求排序。

4.范围说明书撰写：书面确定范围并获取承诺

（1）目标：将项目范围以书面形式确定下来，并获取各相关方的正式承诺。

（2）操作指南：

- 制定"项目范围说明书"模板，包括目标流程范围、地理/组织边界、关联系统改造、验收排除条款等。
- 组织干系人会议，讨论并确认"项目范围说明书"内容。
- 要求各部门负责人在"项目范围说明书"上签字确认。

（3）输出示例：

- "项目范围说明书"正式文档。
- 干系人签署页及签字确认记录。

5.变更控制机制建立：管理范围变更

（1）目标：建立完善的范围变更防御体系，有效管理项目范围的变更。

（2）操作指南：

- 成立 CCB，负责变更的审批和管理。
- 制定变更评估表，对每项变更请求进行评估，分析其对项目范围、时间、成本的影响。
- 建立变更日志，详细记录所有的变更请求、评估结果、处置决策和变更实施情况。

（3）输出示例：

- CCB 成员名单及职责分配。

- 变更评估表模板及评估记录。
- 变更日志及变更实施情况跟踪表。

通过遵循本指南（即附录 D），项目团队可以系统地撰写和管理采购流程优化项目的范围，确保项目范围的清晰、准确和可控。这将有助于项目团队更好地管理项目资源、进度和成本，最终实现采购流程的优化和提升。

附录 E　SRM 系统高效落地项目管理指南

引入供应商关系管理 SRM（系统），实现供应链的数字化转型，是采购人员经常会遇到的项目。当我们接到引入 SRM 系统的任务时，该如何着手呢？我撰写了一个"SRM 系统高效落地项目管理指南"，帮助大家梳理一下，以明确项目各阶段任务与推进思路。

1. 项目启动阶段

（1）明确项目目标：确定系统上线后的改进指标，如订单处理时间缩短 30%，交货率提升等。

（2）制定项目章程：概述项目愿景、目标、范围、关键原则，为项目提供总体方向。

（3）组建跨职能团队：集合采购、IT、财务、运营等部门人员，形成项目团队。

（4）明确职责：通过 RACI 矩阵明确团队成员的职责和权限。

2. 项目规划阶段

（1）设立里程碑：确定项目中的关键事件和时间点，作为项目进度的标志。

（2）编制 SOW：详细描述项目的工作内容、要求、交付成果等。

（3）创建 WBS：将项目分解为更小、更易于管理的任务或工作包。

（4）制订项目计划：包括时间表、资源分配、任务依赖关系等，确保项目按计划进行。

（5）制定预算：根据项目计划和资源需求，编制项目预算，确保资金充足。

3.项目执行阶段

（1）系统选型：根据功能和技术指标筛选供应商，进行概念验证测试（Proof of Concept，PoC），选择最优方案。

（2）供应商管理：建立供应商评估机制，确保选定供应商满足项目需求，维护良好合作关系。

（3）需求沟通：及时与供应商和团队成员沟通需求变更和问题，确保项目顺利进行。

（4）开发测试：遵循敏捷方法，进行迭代开发，多轮严格测试，确保系统质量和稳定性。

4.项目监控阶段

（1）设定 KPI：如进度偏差率、成本偏差率等，定期收集数据，进行绩效分析。

（2）变更管理：建立变更控制流程，对项目范围、计划、预算等的变更进行管理。

（3）偏差纠正：发现实际进度与计划偏差时，及时分析原因，制订调整计划，调整资源分配等。

（4）风险监控：持续关注项目风险和变化，及时调整项目计划和策略，确保项目可控。

5.项目收尾阶段

（1）系统上线：选择业务低谷期进行系统上线，制订详细上线计划和预案，确保平稳过渡。

（2）项目验收：组织全面验收，确保系统满足所有需求，达到预期效果。

（3）项目复盘：分析项目目标达成情况，总结经验教训，整理文档，形成知识库。

（4）后续支持：提供必要的技术支持和培训，确保系统稳定运行。

遵循本指南（即附录 E），采购人员将能够清晰地了解在引入 SRM 系统的各个阶段需要完成的任务，确保项目顺利推进，实现企业供应链的数字化转型。

后记
做双料专家，让采购更专业，项目更成功

在《好采购要懂项目管理》的探索之旅中，"领导把任务交给你，你就是项目经理"这一理念贯穿始终。我们深刻领悟到，优秀的采购从业者必然要深谙项目管理之道，而具备项目管理思维的采购从业者，不仅能让采购工作更专业，还能助推项目更成功。

本书即将画上句号，我们不妨一同探讨两个关键问题。这不仅是对书中内容的深度总结，更是每一位采购从业者在职业发展道路上需要不断思考和践行的重要方向。

1. 采购从业者如何借助项目管理知识提升专业素养

采购绝非简单的"采买"行为，而是一项需要结构化思维、战略眼

光与强大执行能力的复杂工作。将项目管理知识融入其中，可以从多个维度提升采购从业者的专业性。

（1）构建结构化思维：运用工作分解结构、甘特图等工具，将采购任务细致拆解为可管理的子任务，全面把控各个环节，打破思维局限，提高整体工作效率。

（2）强化风险应对能力：采购过程充满不确定性，借助风险登记册和 SWOT 分析，提前识别潜在风险并制定应对策略，化被动为主动。

（3）实现数据驱动决策：借助增值分析、KPI 监控等工具，依据数据做出科学判断。例如，通过分析历史数据掌握价格趋势，为采购谈判提供有力支持；依据绩效评分优化供应商合作。

（4）提升沟通协作效能：采购涉及多方干系人，利用 RACI 矩阵和沟通计划明确各方责任，提升跨部门协作效率。

（5）坚持持续改进：借鉴项目管理中的复盘会议和经验文档，在采购任务完成后及时总结经验教训，优化流程，不断提升专业素养。

2. 懂项目管理的采购从业者如何助力项目成功

懂项目管理的采购从业者，不再仅是"资源保障者"，更是"项目伙伴"，能从多方面为项目创造价值。

（1）保障资源与交付：运用甘特图和关键路径法，使采购工作与项目进度紧密匹配，确保资源及时到位，避免项目因资源短缺而延误。

（2）平衡成本与价值：借助总拥有成本分析和增值管理，在保证质量的前提下选择高性价比方案，有效控制采购成本，提升项目价值。

（3）防控风险与预防问题：利用风险登记册和应急预案，提前识别并处理供应链中断、质量问题等采购风险，为项目顺利推进保驾护航。

（4）促进协同与目标对齐：作为团队与供应商之间的桥梁，依据 RACI 矩阵和变更控制流程，确保采购需求与项目目标一致，减少因沟通不畅导致的资源浪费。

（5）提供数据支持决策：通过 KPI 监控和供应商绩效数据库提供丰富数据，如分析交付准时率优化进度计划，辅助项目经理做出明智决策。

在技术革新（如 AI、区块链等）与商业环境快速变化（如全球化、可持续发展等）的今天，采购工作已发生巨大变革，对从业者的思维和能力提出了新挑战。采购作为项目的"资源引擎"，以精准规划、风险管控和高效执行保障资源供应；项目则是采购的"价值锚点"，采购须围绕项目目标，平衡成本、质量与时间。采购从业者运用项目管理的结构化思维，便能实现从"资源保障者"到"项目伙伴"的角色转变，从"事务性"迈向"战略性"，从"后勤"走向"价值创造"，既推动项目成功，又实现自身专业进阶。

本书提炼出一个公式：项目成功 = 精准采购规划 × 动态风险控制 × 跨部门无缝协同。精准采购规划，要求采购环节精准匹配项目需求，避免资源浪费或不足；动态风险控制，能及时识别、评估和应对各种潜在风险，降低风险对项目的负面影响；跨部门无缝协同，强调跨部门间沟通到位、整合资源，确保信息畅通、协作无间。期望这个公式能成为指引采购与项目管理实践的行动指南。

亲爱的读者朋友们，凡是过往，皆为序章，经验和教训皆为成长阶梯。愿大家以项目管理思维为翼，打破采购与项目管理间的壁垒，成为采购与项目管理的双料专家，拓展职业边界，挖掘无限潜能，与行业同频共进，共赴无限前程。

如何专业做采购

采购专业基础与进阶		
序号	ISBN	中文书名
1	978-7-111-76367-3	如何专业做采购 第2版
2	978-7-111-65664-7	采购之道
3	978-7-111-70772-1	全品类间接采购管理
4	978-7-111-71990-8	采购全方位领导力
5	978-7-111-61388-6	采购2025：数字化时代的采购管理
6	978-7-111-78501-9	好采购要懂项目管理
采购四大核心能力提升		
序号	ISBN	中文书名
1	978-7-111-64200-8	供应商全生命周期管理
2	978-7-111-64176-6	全面采购成本控制
3	978-7-111-64175-9	采购全流程风险控制与合规
4	978-7-111-65621-0	全情景采购谈判技巧
中国好采购实践参考案例集		
序号	ISBN	中文书名
1	978-7-111-58520-6	中国好采购
2	978-7-111-64267-1	中国好采购2
3	978-7-111-69564-6	中国好采购3
4	978-7-111-74160-2	中国好采购4